JN251163

アクティブ・ラーニングで身につける
コミュニケーション力

聞く力・話す力・人間力

切田節子・長山恵子 著

近代科学社

◆読者の皆さまへ◆

　平素より、小社の出版物をご愛読くださいまして、まことに有り難うございます。

　㈱近代科学社は 1959 年の創立以来、微力ながら出版の立場から科学・工学の発展に寄与すべく尽力してきております。それも、ひとえに皆さまの温かいご支援があってのものと存じ、ここに衷心より御礼申し上げます。

　なお、小社では、全出版物に対して HCD（人間中心設計）のコンセプトに基づき、そのユーザビリティを追求しております。本書を通じまして何かお気づきの事柄がございましたら、ぜひ以下の「お問合せ先」までご一報くださいますよう、お願いいたします。

　お問合せ先：reader@kindaikagaku.co.jp

　なお、本書の制作には、以下が各プロセスに関与いたしました：

・企画：山口幸治
・編集：石井沙知
・組版、カバー・表紙デザイン：菊池周二
・印刷、製本、資材管理：加藤文明社
・広報宣伝・営業：山口幸治、冨髙琢磨、西村知也

●本書に記載されている会社名・製品名等は、一般に各社の登録商標または商標です。本文中の©、®、™ 等の表示は省略しています。

まえがき

　この本を手にしている皆さんは、コミュニケーション力を向上させたいと思っている人が多いと思います。しかし人間は誰でも、赤ちゃんのときから周囲の人々とコミュニケーションをとりながら生きています。つまり年齢と同じ年数の経験を積んでいることになりますから、コミュニケーション力はかなり上達しているはずですが、どうでしょうか？　「はい！」と自信を持って答えられる人は誰もいないと思います。でも、心配しないでください。大人でも子供でも誰でも、実は本書の著者自身も、うまくコミュニケーションがとれずに失敗したり悩んだりしながら毎日の生活を送っているのです。

　実際、自分が考えていることを上手に相手に伝えたり、反対に相手が言いたいことを正しく理解したりすることは難しいものです。またコミュニケーションをとる相手は、家族や友達など親しい人ばかりではなく、先生や上司、近所の人や知らない人などさまざまです。誰に対しても同じ方法でうまくいくとは限りません。なぜでしょうか。それは、本書で学ぶコミュニケーション力とは、情報を正確に伝達するということだけでなく、気持ちや感情も一緒に伝えるので、人間関係に大いに影響するからです。その結果、悪気がなくても伝え方を間違えために相手との関係が悪くなったり、誠意が伝わらなかったりするのです。

　「そんなに難しいこと、身につくかしら？」と不安に思うかもしれません。確かにコミュニケーション力は、本を読んで理解しただけでは身につくものではありません。テニスのサーブの仕方を本で読んでも、実際にコートで打ってみないと鋭いサーブを打ち込むことができないのと同じで、実践が大切です。それなら本など読まずに実践だけでよいのではないかと思うかもしれませんが、そうはいきません。本当に力をつけるには、テニスでもサッカーでも、本を読んで知識を得て、指導者に教えられ、そして本人が実践するということを繰り返していくことが大切です。コミュニケーション力も例外ではありません。本書はその一助になるにすぎませんが、力強いサポーターになると思います。

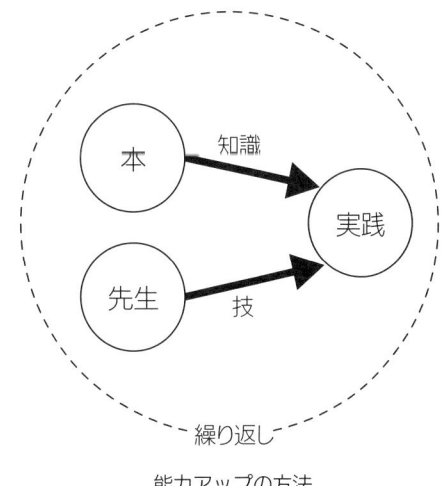

能力アップの方法

本書では、コミュニケーションをとるべき場面での注意点や心構え、活用できる技法などを説明しているだけではなく、それを実際に試すための演習を豊富に用意してあります。それらの演習は、授業の中で先生の指導の下に行うこともできますが、指導者が不在の場合は自習教材としての活用もできるように作成しました。指示通りに巻末のワークシートに記入していくことによって、自習ができます。失敗することを恐れずにどんどん試して腕を磨いてください。

　ここで本書の構成について簡単に紹介します。各章の内容は、章の初めのページにありますので、そこから読み始めるようにしてください。

　第1章では、なぜコミュニケーション力が必要かを学びます。社会や学校、その他多くの場面で必要なチーム活動に焦点を当て、アクティブラーニングの手法を使いながら種々の手法を学びます。ICTツールだけでなく対面のコミュニケーションの重要を学びます。また演習事例を通じて、自分とはタイプの異なる人への対処方法を学びます。

　第2章では、コミュニケーションの基本である「会話力」について学びます。基本である「聞く」「話す」という行動を再確認し、「良い聞き手」「良い話し手」になるために必要なコツや技法を学習します。それを理解した上でワークシートを使って、目的に合わせて効果的な会話力を身につけます。

　第3章では「発表力」について学びます。「話す」と「発表」との違い、また「発表」と「プレゼンテーション」との違いを認識します。その上で、聞き手が「聞いて良かった」と思えるようなプレゼンテーションやポスターセッションを実施するまでのステップや手法について学習し、ワークシートを使って実践していただきます。

　最後の第4章では、第1章から第3章までの総まとめとして「人間力」について学びます。人間力という言葉の理解から始め、人間力に必要な能力を学びます。ワンパターンの人間力ではなく、自分に合った能力を見つけ、自身が輝くような人間力を身につける方法を考えます。本書の終わりに自己の人間力アップの生涯計画を立てることをお勧めします。

　本書の特徴は、切り取り可能なワークシートが巻末に付いていることです。演習をする際には切り取って、本文を確認しながら書き込むことができます。またバインダーに綴じやすいように穴があいていますので、自分のオリジナルのノートが作成できます。

　コミュニケーションは一度学んだら終わりではありません。本書とバインダーをセットにして見直せるようにしておいてください。最初は気づかなかったことも、2回目に読み直してみると気づくこともあると思います。それは皆さんが経験を重ねて、日々成長しているからです。そのときどきに気づいた自分の姿をワークシートに追加していきましょう。それは皆さんのオリジナルのノートですから、他のどんな書籍よりも皆さんにとっての人生の宝物になることでしょう。

読者の皆さんが継続的にコミュニケーション力を磨き、人間力を高め、さまざまな人々と一緒に輝く未来を築いていくために本書が役立つことを願っております。

　末筆になりましたが、本書の刊行にあたり、ご尽力いただいた近代科学社の石井沙知氏および山口幸治氏に、著者一同感謝の意を表します。

2016年3月

切田節子・長山恵子

目 次

第3章　発表力

コミュニケーションの必要性

この章で**学ぶ**こと

人は誰も1人では生きられません。赤ちゃんのときは家族と、学校に入れば友人や先生と、そして社会に出れば多様な人々とコミュニケーションをとりながら成長していきます。社会に出たときに必要なコミュニケーション力を発揮するには、学校という枠の中でその能力を身につけることが大切です。この章では、社会におけるコミュニケーション力の必要性を認識し、アクティブ・ラーニングという手法を学びます。

この章の**ポイント**

●社会で必要なコミュニケーション力

社会に出るとチーム活動が必須です。多様な人々との情報のやりとりが必要です。SNS等ICTツールによる情報交換が主流な社会だからこそ、対面コミュニケーションの重要度が増しています。良好な人間関係を創るためのコミュニケーション力について学びます。

●授業に必要なコミュニケーション力

現在では多くの学校で、社会に出る前にコミュニケーション力を身につける授業が行われています。ここではチーム活動を円滑にするための手法、特に最近焦点が当たっているアクティブ・ラーニングの必要性や方法について学びます。また、タイプの異なる人間同士が、スムーズにコミュニケーションをとる方法を紹介します。

この章を**終える**と

●経済産業省が提唱する社会人基礎力を列挙できる
●チーム活動におけるコミュニケーション力の必要性を述べられる
●アクティブ・ラーニングについて必要性と方法を説明できる

1-1 社会で必要なコミュニケーション力

1-1-1 社会人の基礎力

📑 社会人とは

　皆さんは、経済産業省が2006年に「社会人基礎力」を提唱しているのをご存じですか？もしかしたら、「社会人なんて、まだ早い!」と考えている人もいるかもしれませんが、そうはいきません。誰でも、家庭や学校などの枠から出たら、もう「社会人」です。

　「就職もしていないのに？」「会社で働いていないのに？」色々と疑問が生まれるかもしれませんが、自分では意識していなくても、社会に出たら、周囲からは社会人とみなされるのです。

　それではいったい社会人って何でしょう？　実は社会人という言葉には明確な定義はなく、それぞれの立場で異なった意味合いで使用されています。上記のような疑問を持った人は、「社会人＝企業で働く人」と思っているのでしょう。確かに就職活動などで「社会人としての自覚を持つ」などと使う場合は正解です。しかし電車の中でひどいマナー違反の大人を見て「社会人として恥ずかしくないのか!」と怒る場合には、その人が企業で働いているのかどうかは関係ありません。この場合「社会人＝大人」という概念なのです。

　いろいろな意味合いで使われているだけでなく、場面によって非常に狭い範囲で使用することもあります。狭くなればなるほど意味が異なってきますので、一番広い意味である「社会人＝社会の中で生きている人」と考えれば、基本から外れることはありません。要するに、保護が必要な幼児や子供ではなく、責任をもって社会の中で暮らす独立した人間ということです。そう考えれば,皆さんも「学校」という枠から一歩外に出たら「社会人」ということになります。

📑 社会人基礎力

　この項の冒頭で述べた、経済産業省が提唱している「社会人基礎力」の場合、「社会人＝社会で働く人々」という意味で使われています。経済産業省では「職場や地域社会で多様な人々と仕事をしていく」という表現を使っています。この記述からは、主婦や芸術家、そして学生は含まれていないように思いますが、提唱している「基礎力」は、広い意味での社会人、つまり皆さんにも有益で大切な能力です。

　学校という枠から社会に出ていく皆さんに今、身につけていただきたい能力は、社会で生きる力です。多様な人々と共存しながら、自分で考え、自分で行動し、自分らしく生きる力です。そのためには、経済産業省の提唱する「社会人基礎力」は、大変参考になります。

経済産業省の「社会人基礎力」（図1-1）は、3つの能力から構成され、各能力が合計12の要素に分かれています。12個も要素を覚えるのは大変ですが、3つの能力なら記憶できるでしょう。「アクション（Action）」「シンキング（Thinking）」「チームワーク（Teamwork）」です。

この中で注目していただきたいのは、3番目のチームワークです。チームは1人では作れません。他者、つまり仲間が必要なのです。気が合うとか合わないとか、好きとか嫌いとかにかかわらず、チームの目標に向かって協力し、考え（シンキング）、行動（アクション）していく力です。

〈社会人基礎力〉
- ●前に踏み出す力（アクション）
  - ・主体性
  - ・働きかけ力
  - ・実行力
- ●考え抜く力（シンキング）
  - ・課題発見力
  - ・計画力
  - ・想像力
- ●チームで働く力（チームワーク）
  - ・発信力
  - ・傾聴力
  - ・柔軟性
  - ・情況把握力
  - ・規律力
  - ・ストレスコントロール力

（2006年　経済産業省）

図1-1　社会人基礎力

1-1-2　チーム活動におけるコミュニケーション

🗐 チームワークに必要な能力

もう一度、図1-1のチームワークの項目を確認しましょう。次の6要素に分かれていますが、それぞれ次のように説明されています。

- ・発信力 ……………………… 自分の意見をわかりやすく伝える力
- ・傾聴力 ……………………… 相手の意見を丁寧に聴く力
- ・柔軟性 ……………………… 意見の違いや立場の違いを理解する力
- ・情況把握力 ………………… 自分と周囲の人々や物事との関係性を理解する力
- ・規律性 ……………………… 社会のルールや人との約束を守る力
- ・ストレスコントロール力 …… ストレスの発生源に対応する力

これらの説明を読むと、すべてが「コミュニケーション」に関する能力であることに気づくでしょう。コミュニケーションという言葉は漠然としていますが、具体的に考えると、上記の6つの要素で言い表すことができます。メンバー全員がお互いの立場や考えを認めながら、目標に向かって意思疎通を図ることによって、良いコミュニケーションが生まれ、真のチームワークが成立するのです。

チーム活動とは

古くから伝承されてきた物語には、深い意味が含まれているものですが、「ブレーメンの音楽隊」というグリム童話も例外ではありません。年老いて役に立たないからと捨てられた動物たちが力を合わせて泥棒を追い払う物語で、まさに「チーム活動」の神髄が含まれています。ここで、チーム活動とは何かを考えてみましょう。

この童話の主人公は、ロバ、犬、猫、鶏と種類の異なる4匹の動物です。どれも役立たずで、大型動物のような力もありません。空腹でさまよい、森の中で泥棒の家を見つけたとき、図1-2のように小さな動物が大きな動物の上に乗り、大型の物体と化し、泥棒を驚かします。さらに泥棒が襲ってきたときに、蹄や牙、爪などそれぞれの得意技を使って追い払い、家とご馳走と宝を手に入れます。

一人ひとりの力は小さくても
みんなで話し合い
みんなで協力すれば
信じられないほどの
大きな力を発揮することができます

図1-2　ブレーメンの音楽隊

さぁ、この物語をヒントにチーム活動とは何か、その特徴をワークシートに書き出してください。いろいろな特徴を挙げられたと思いますが、誰もが「複数の人から成る」という点は忘れずに書いたことでしょう。そうです、チームは1人では成立しません。少なくとも2人以上の人で構成されます。では複数の人が集まればチームになりますか？　いいえ、バスにたまたま乗り合わせた人々は複数ですが、チームではありません。しかし、山の中でバスがパンクして、乗客全員が運転手に協力しながらタイヤ交換をしたとなると、これは明らかにチーム活動です。運転手がチーム・リーダーで、乗客全員がチーム・メンバーです。

チーム活動の効果

このようにチーム活動とは何かを考えていくと、チームで活動することの意義や効果が明確になってきます。その効果のいくつかをここで列挙しますが、他にも思いついたことがあれば追記しておきましょう。

- お互いの能力を補完することによって、効率良く大きな成果を得ることができる
  - →1+1=2ではなく、2+nになる可能性がある
- お互いに切磋琢磨することによって、能力を飛躍的に開発することができる
  - →ライバルの存在が選手を成長させる

- 異なる意見や異文化交流によって、アイディアを生み出すことができる
  →日本古来の餡（あん）と西洋のパンが出合ってアンパンが生まれた
- 情報を共有することによって、共通理解をすることができる
  →知恵や知識を吸収しあって意見をまとめる
- 多様な人々と共同作業することによって、人間関係を豊かにする
  →目的を達成するためには自分勝手な行動はできない

　チーム活動の効果を5点ほど列挙しましたが、すべての項目に「…によって」という言葉がついていることに注目してください。これは、チーム活動の効果を得るためには前提条件があるということを意味しています。それぞれ表現は異なりますが、これらは「良いコミュニケーションが図れれば」と言い換えることができます。反対に考えると、「悪いコミュニケーション」からは、負の効果が生まれることを意味します。

　たとえば最初に挙げた「お互いの能力を補完する」が、「協力せずにお互いの能力を勝手に使う」に変わったら、結果はどうなるでしょう。「ブレーメンの音楽隊」で、ロバが蹴り、犬が噛み…とそれぞれが自分勝手に得意技を使ったら、メンバー同士が傷つけあってチームは全滅です。1+1=2どころかマイナスの結果になります。

　これが、コミュニケーションの難しいところです。簡単にはいきません。だからこそ、社会に出る前に学校という場で、学び、訓練する必要があります。

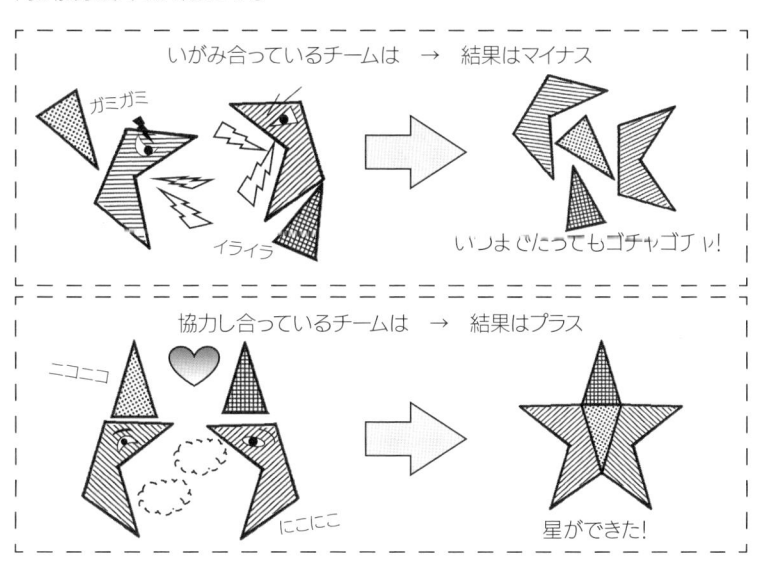

図1-3　チーム活動の効果

1-1-3　人間関係と人間性の形成

人間関係

　皆さんの周囲の人間関係を観察してみてください。きっと図1-3に示す2つのケースを見つけることができることでしょう。図では抽象的な表現をしていますが、身近な周囲の実例に当てはめてみると、より具体的に考えることができます。

　友人同士でも家族でも、お互いの長所を羨望し、短所をけなしあっているうちは、何も生まれません。それどころか、現代の大きな社会問題になっている「いじめ」に発展していく可能性があります。

　それに反して、お互いの長所を尊重し、短所を補いあっていると、良い雰囲気が生まれます。こうした人々の間では、情報の流れもスムーズになります。また一人ひとりが前向き（ポジティブ）な気持ちになり、能力以上の力を発揮することができます。ひとたび目的ができると、お互いに協力して作業をするので、効率が上がり、成果の質も上がります。

　これが人間関係の不可思議な点です。人は誰でも自分以外の他人と接して生きていきます。他人とうまくコミュニケーションをとることができれば、良い人間関係が生まれます。しかし、コミュニケーションが悪いと、情報の流れも悪くなり、お互いに疑心暗鬼が生まれ、人間関係も悪くなります。

孤独が好き…

　「そうでしょうか？　私は1人でいることが好きなのです。いつも友達と連れ立って行動するのは苦手です」「誰にでも明るく挨拶できるタイプではないのです。もともと無口なのです」等々の声が聞こえてきそうですが、ここで述べている「人間関係を左右するコミュニケーション力」とは、「常に群れて行動する」ということでも「常にお互いにおしゃべりをしている」ということでもありません。

　実際、孤独を愛する人も、良い人間関係を築いています。たとえば、オーケストラを考えてみてください。バイオリニストはピアニストのようにピアノは弾けません。ピアニストは声楽家のように歌うことはできません。しかし、お互いの才能を認め合い、お互いが出す音を補完しながら、絶妙なハーモニーの演奏を創り上げています。ここに、良いコミュニケーションに基づいた良い人間関係が築かれていないはずはありません。

　孤独を愛する人も、口ベタな人も心配する必要はありません。自分が得意な方法でコミュニケーションをとることによって、良い人間関係を築くことができます。良くないのは、「どうせ不得意だから…」といって、人間関係を築くことから逃げてしまうことです。

　確かに生まれつきコミュニケーション力の高い人はいますが、それが必ずしも良い人間関係

を築くのに役立っているとは限りません。良い人間関係を築くコミュニケーション力は、一つの「技術」と捉えることができます。お互いに相手を尊重する気持ちがあれば、誰でも身につけることができる技術です。

人間性の形成

　「社会で必要なコミュニケーション力」というタイトルで、ここまで学んできましたが、コミュニケーション力は、社会で必要なだけでなく、皆さん一人ひとりの「人間性」に関わる能力であることに、もう気づいていることでしょう。そうです。私たちは、他人とのかかわりの中で人間性を形成し、成長させていくのです。好きな人、嫌いな人、感じの良い人、苦手な人、良い人、悪い人等々、色々な種類の人と接し、コミュニケーションをとることによって、人間性を養っていくのです。

　詳しくは、「第4章　人間力」で学習しますが、自分の人間性を養うのは自分しかいないことを覚えておいてください。そして、コミュニケーション力を通じて、より上質で高度な人間性を養うよう心掛けてください。

1-2　授業で必要なコミュニケーション力

1-2-1　多様な授業形態

授業の形態

　皆さんがいつも参加している授業では、どのような方法で学んでいますか。いろいろな科目を受講していると、それぞれで授業のやり方が違っているかもしれません。以下に、よくある授業の形態を書き出してみました。これ以外にもありそうですから、思いつくものがあればワークシートに記入してみてください。

- 大きな教室で一方的に講義を聞く
- 実験をして、結果をレポートにまとめる
- 説明を聞いて、その後、発声練習などの演習を行う
- 与えられたテーマでグループ討議をして、結果を発表する
- 自分たちで解決したい問題を決めて、調査し、解決策を提案する

　いろいろな授業があることが確認できましたか。最近は、大教室で先生が一方的に講義をし、学生はただ聞いてノートをとるだけ、という授業は少なくなってきています。皆さんが学ぶ内容に合わせて、より理解しやすい授業の方法が工夫されているのです。多くの学校で、このように授業の形態が多様になってきている背景には、先生の教え方、学生の学び方を変えていこうという動きがあることが関係しています。

1-2-2　アクティブ・ラーニング

アクティブ・ラーニングとは

　「アクティブ・ラーニング」という言葉を聞いたことがありますか？　これは文部科学省が2012年から、より良い教育を行うために導入を進めている学習形態で、先生が一方的に教えるのではなく、学生が参加する授業を実施しようという方針です（図1-4）。

　「アクティブ（能動的）」に「ラーニング（学ぶ）」ということですが、アクティブに学ぶのは、もちろん学生の皆さんです。自ら調査をしたり、体験をしたりと能動的に学ぶことで、社会で

実際に役立つ能力を身につけることを目指しています。

🔲 アクティブ・ラーニングの方法

さて、アクティブ・ラーニングという言葉を紹介しましたが、実際にはどのような方法で皆さんは能動的に学ぶのでしょうか。

中央教育審議会の答申の中では、次のような方法が紹介されています。

- 発見学習
- 問題解決学習
- 体験学習
- 調査学習
- グループ・ディスカッション
- ディベート
- グループ・ワーク

これらの方法を含んだ授業をすでに体験している皆さんも多いでしょう。ところで、そのような授業では、1人で学ぶのではなく、周りのメンバーと共に学ぶことが重要であるということにも気づいていますか。チーム・メンバーの意見を聞き、自分の意見を伝え、お互いの意見をやりとりすることで、さらに良い考えやアイディアが出てきます。こうして1人では考えつかなかった多くのことを学ぶことができます。

このチーム内のやりとりにおいては、もちろんコミュニケーション力が求められます。1-1-2項（3ページ）で学んだ「チーム活動におけるコミュニケーション」が、学びの場においても必要とされているのです。

〈アクティブ・ラーニングの定義〉

教員による一方的な講義形式の教育と異なり、学修者の能動的な学修への参加を取り入れた教授・学修方法の総称。学修者が能動的に学修することによって、認知的、倫理的、社会的能力、教養、知識、経験を含めた汎用的能力の育成を図る。

『新たな未来を築くための大学教育の質的転換にむけて
〜生涯学び続け、主体的に考える力を育成する大学へ〜（答申）』 2012年 中央教育審議会 用語集より

図1-4 アクティブ・ラーニングの定義

1-2-3　チーム活動の演習事例1

　本書では、実際に演習を行ってコミュニケーション力を身につけることを目標としています。そのために、ここでは一つの事例を設定します。皆さんの演習は、担当の先生や指導者の指示に従って行いますが、指示がない場合は、この事例を参考にしながら、自分の身近なことを題材にして演習を行ってください。

　まず、皆さんは「アクティブ学園」の学生で、オープンキャンパスの実行委員だとしましょう。オープンキャンパスは学園の人事部が先導して行い、学生は毎年100名程度動員されます。昨年は協力する学生を人事部が募集しましたが、70名程度しか集まらず、先生が学生に依頼して不足した人数を集めるという事態になりました。その結果、遅刻したり、途中でいなくなったり、まじめに仕事をしない学生が出て、各所でトラブルが起きてしまいました。

　さて、人事部から、「昨年のような事態を避けるように努力してほしい」という依頼がきました。皆さんは、実行委員として「学生全員が熱意をもって担当の仕事に従事するようなオープンキャンパスにする」という使命を全うするために、集まって話し合いをすることになりました。

　実行委員のメンバーは、青山、緑川、赤谷、黒田、白井、茶沢の6名です。オープンキャンパスは3か月後に迫っています。課題の内容を図1-5にまとめました。

　4月の新学期に初めて顔合わせをした実行委員達は、チーム活動にはまだあまり慣れていません。中には話し合いなどには苦手意識のあるメンバーもいます。

　本書の内容と演習事例との関連は以下の通りです。

　1.　チームのメンバーと活発な話し合いができる環境をつくる　（第1章）
　2.　チーム内で会話を深める　　　　　　　　　　　　　　　　（第2章）
　3.　話し合いの結果を資料にまとめて、発表する　　　　　　　（第3章）

　それでは、皆さんもチームの一員になったつもりで、一緒に学んでいきましょう。

1-2-4　チーム活動を円滑にする方法

🗐　チーム活動の難しさ

　多くの授業においてチーム活動が増えていることを確認しましたが、皆さんは、チーム活動は好きですか。仲良しの友達とワイワイ言いながら活動するのは、楽しいと感じる人が多いと思います。でも授業では、仲良しの友達とばかり同じチームになるとは限りません。場合によっ

```
●実行委員の構成
 アクティブ学園のオープンキャンパス実行委員会に所属する学生：6名
 ＜メンバーの名前と特徴＞
 ・青山君　：自分から他人に話しかけることは苦手で、理屈っぽい
 ・緑川君　：周りに気を遣い、メンバーの話をよく聞く
 ・赤谷君　：自己主張が強く、積極的に行動する
 ・黒田さん：明るく、おしゃべり好き
 ・白井さん：自分の考えをあまり言わず、他人の意見をよく聞く
 ・茶沢君　：常に冷静で、完璧を目指す
 　　　　（便宜上、ここでは「君」は男性、「さん」は女性を示す）

●チームが取り組む課題
 「オープンキャンパスを成功させるために、学生スタッフの熱意を引き
 出す」

●活動予定
 4月下旬　：活動内容をまとめる
 5月中旬　：学生スタッフ募集開始
 6月中旬〜：学生スタッフを対象に説明会を実施
 7月16日　：最終確認
 7月17日　：オープンキャンパス当日
```

図1-5　アクティブ学園オープンキャンパス・プロジェクト

ては、全く知らない人達と一緒に活動することもあります。知らないメンバー同士だと、最初は誰でも緊張します。なかなか話しかけられない人もいるでしょう。そんなぎこちない関係のまま、決められた時間内に意見をまとめたり、課題を仕上げたりしなければならないので、チーム活動は苦手だと感じる人もいるかもしれません。

　では、お互いのことがまだよくわからないチームでの話し合いでは、どのような問題が起こりそうでしょうか。以下によくありそうな状況を挙げてみます。

- 誰も発言せず、沈黙の時間が続く
- 特定の人だけが話し続け、他のメンバーが発言できない
- 同じような意見しか出てこない
- 意見はたくさん出るが、結論としてうまくまとめることができない
- 苦手なメンバーがいて、雰囲気が良くない

　今までのチーム活動において、似たような状況を経験した人も多いことでしょう。これから、それぞれの状況に対応する方法を考えてみましょう。

沈黙を回避する（シンク・ペア・シェア）

　初対面のメンバーとの話し合いにおいて、あなたはどのように行動しますか？　自分から進んで発言し、他のメンバーにも意見を求めることができますか？　それをできる人が多くいれば、スムーズに話し合いが進むかもしれません。しかし実際の授業の場では、なかなか話が始まらないことの方が多いようです。

　アクティブ学園の実行委員会は4月に召集されたばかり、今回が初めての顔合わせです。お互いに自己紹介した後、緑川君が、「学生がオープンキャンパスに協力しない原因って何だろう？」という問いかけをしました。

　皆、どう答えてよいのか首をかしげ、少しの間、沈黙の時間が流れます。進んで発言するメンバーはいません。このような場面は、皆さんも多く経験しているのではないでしょうか。沈黙の時間が流れるのはつらいものです。しばらくすると、「原因って言われてもねぇ…」「ただ協力を！　と言われてもねぇ…」など、小声で隣同士が話し始めました。

　そうです。皆さんにも経験があると思いますが、皆の前では発言しにくいけれど、隣同士なら話しやすいものなのです。この気持ちを利用したのが、沈黙を回避するために使われる「シンク・ペア・シェア（Think-Pair-Share）」という方法です。

　シンク・ペア・シェアは、いきなりチーム全体で話すのではなく、まず各自が考え（Think）、それを2人で（Pair）共有（Share）し、それからチーム全体で話し合うという方法です（図1-6）。具体的な進め方は以下のとおりです。

①　時間をとり、各自が自分の意見を考える
②　2人組を作り、考えた意見を伝え合う（奇数の場合は3人組も混ぜる）
③　各組でまとめた意見をチーム全体に紹介する
④　チーム全体の意見をまとめる

　チーム全体に対して自分の意見を述べることには勇気がいりますが、まず1人に伝えるのなら、少しハードルが低くなります。また、「私も最初はイヤだった」「私も！　でもやってみたら充実感いっぱい!」など、皆の前では発言しづらいような経験談なども出てきて、雰囲気も良くなり、話し合いの内容が豊富になります。

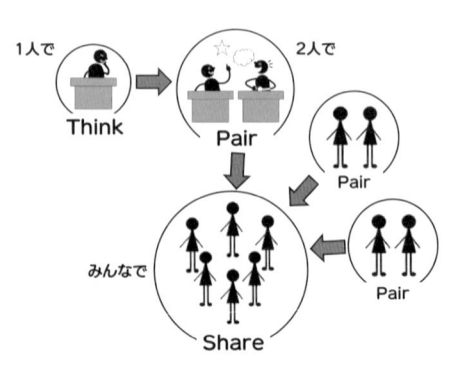

図1-6　シンク・ペア・シェア

　自分の意見をわかりやすく伝えること、相手の考えを自分の考えと比べながら、どこが同じで、どこが違うのかをきちんと理解することを意識して、話をしてみましょう。ペアで話した

内容をわかりやすくまとめ、チーム全体に伝えて共有します。これを繰り返していくことによって、徐々にチーム全体の意見がまとまります。

🗂 公平に話す機会を作る（ラウンド・ロビン）

　話し合いのスタートは快調そうに思えたのに、チーム内に自分の意見を積極的に発言する人がいて、その人ばかりが話をしているという状況はありませんか。特定の人が、他のメンバーの意見を聞かず自分の意見で結論をまとめてしまうと、話し合いは早く終わります。しかし、違う意見がある人が遠慮している可能性もあります。それでは皆の総意とは言えず、話し合う意味がなくなります。

　アクティブ学園の実行委員会では、シンク・ペア・シェアで、少しずつチームとして話しやすい雰囲気ができてきたようです。しかし、赤谷君が「魅力的なビラを配って募集すれば、大成功！　人事部にビラ配布を提案するということで決めて、もう早く帰ろうよ」と言い始めました。緑川君は、「ビラだけでいいのかな？　他にも方法はないかな？」と思いましたが、言いそびれています。他のメンバーも納得はしていない表情ですが、赤谷君の勢いに躊躇して誰も意見を言い出しません。

　このような場合には、みんなが公平に話す機会を作るために、「ラウンド・ロビン（Round-Robin）」という方法を試してみましょう。ラウンド・ロビンという言葉は、直訳すると「輪になった継ぎ目のないリボン」のことで、「連続」という意味です。そこから派生して「発言順序がわからないように輪形に署名した嘆願書」という意味になりました。

　この方法では、図1-7のようにチーム全員が順番に自分の考えを述べて、それをぐるぐると回してきます。最初に発言する人は、くじやジャンケンなどで決めます。積極的な人や強引な人ではなく、たまたま当たった人から発言することが重要です。具体的な進め方は以下のとおりです。

① 時間をとり、各自が自分の意見を考える
② 最初に発言する人を決める（くじなど）
③ その人から順番に全員が自分の考えを述べていく
　（何周か繰り返す）
④ 出てきた意見を基にして、チームの意見をまとめる

図1-7　ラウンド・ロビン

　この方法では必ず自分が発言する順番が回ってくるので、メンバーが公平に発言することができます。ただし、自分の意見を考えておかないと発言ができないので、事前の準備時間に、各自が意見をまとめておくことが大事です。メンバー全員が当事者意識を持って参加していないと、形式だけではうまくいきませんから、注意が必要です。

多くの意見を引き出す（ブレーンストーミング）

　シンク・ペア・シェアやラウンド・ロビンなどの方法を使って、チーム内で発言する雰囲気はできても、皆が同じような意見で、新しいアイディアがなかなか出てこない場合もあります。

　実行委員会でも話し合いを重ねていくうちに、「昨年度の学生スタッフから困ったことを聞いてみよう」「オープンキャンパスの意義を説明しよう」など、多くの意見が出てきました。しかし、3回目の話し合いでは、同じような意見が続き、行き詰まってしまいました。もうこれ以上意見は出そうもありませんが、学生スタッフの熱意を引き出すような良いアイディアは一つもありません。

　すると黒田さんが突然、「学生スタッフの成績表を作って、単位に反映するなんて、どう？」と、変わった観点からアイディアを出しました。すぐに、論理的な茶沢君から「そんなアイディアは論理的ではない。無理に決まっている」と反論されました。青山君は「素敵なユニフォームを作ったら皆やる気になるんじゃないかなぁ」と考えましたが、「お金もかかるし、突拍子もないので、皆にバカにされそうだな」と思うと、口に出すことができません。

　そのようなときにアイディアを生み出す発想法として有名なものが、「ブレーンストーミング（Brainstorming）」です。皆さんの中にも、名前を聞いたことがある、あるいは実際に試したことがある人がいるかもしれません。この方法は、1930年代後半に米国の広告代理店の副社長だったアレックス・オズボーンが考案し、今でも多くの会議で活用されています。

　ブレーンストーミングは、4つのルール（図1-8）に従って会議を進めます。突飛なアイディアを否定せずに歓迎し、数多く出し合うことが特徴です。文字通り、ブレーン（脳）をストーミング（嵐のようにかき回す）してさまざまなアイディアを出していきます。ラウンド・ロビンと組み合わせて、順番にどんどん思いついたアイディアを出し合うこともできます。このときに重要なことは、今までのやり方などに縛られずに、各メンバーが創造的な発想をすることです。固定概念から外に出てみることが必要となります。

　そこで実行委員会でも、自由な発想で考えて発言してみることにしました。夢のようなアイディアやお金がかかることでも批判せずに聞き、他人のアイディアに便乗することを意識して話し合うと、先ほどまでとは打って変わって、おもしろいアイディアが出てくるようになりました。

- **●批判厳禁**：反対意見は後まで保留しておく
- **●自由奔放**：アイディアは突飛なものであるほど良い
- **●質より量**：アイディアの数が多いほど、うまくいく可能性が増える
- **●便乗する**：自分のアイディアを出した後に、他人のアイディアがどうすれば良いものになるのかも提案する。2、3のアイディアをまとめて別のアイディアにすることもある

図1-8　ブレーンストーミングの4つのルール

さまざまな意見をまとめる（KJ法）

　ブレーンストーミングでは、いろいろな意見がたくさん出てきます。たとえば100個も200個も意見が出たら、それらをそのままにしておくわけにはいきません。次の段階としてアイディアを整理し、問題解決に結びつける必要があります。その際によく使われる方法が、「KJ法」です。KJ法は、蓄積された情報から必要なものを取り出し、関連するものをつなぎあわせて整理し、統合する手法です。文化人類学者の川喜田二郎が考案した技法なので、頭文字をとってKJ法といわれます。

　具体的な進め方は以下の通りです（図1-9参照）。

①　ブレーンストーミングで出てきたアイディアをカードに書き込む（1枚のカードに1つのアイディアを書く）
②　カードをグルーピングし、グループに表札（タイトル）をつける
③　②で作ったグループで似たものを集めて中グループにまとめ、さらに大グループにまとめる
④　大グループ間に論理的な関連性ができるように、カードの束を並べ替える（空間配置）
⑤　大グループの中の、中グループレベルでさらに空間配置を行う
⑥　カードで作った空間配置を別の紙に写しとる
⑦　輪で囲んだり、線で結んだりして、グループ同士の関係を示し、全体を図解する
⑧　⑦でできた図解を文章化する

　実行委員会では、「配置スタッフの名簿を作成する」「遅刻したスタッフの名前を記入する」「配置場所ごとに時間割を作成する」「担当の職員名も明記」「落とし物コーナーをつくる」「入学希望者と学生スタッフを区別するためにユニフォームを作る」「学内マップを配布する」「質問OKのワッペンを胸に張る」等々、多くのアイディアが出てきました。

　そこで、たくさん出てきたアイディアを一つひとつカードに記入します。それらのカードを並べてじっくり眺めると、内容が似ているもの、関連がありそうなものが見つかります。

　たとえば、「落とし物コーナー」や「学内マップ」などは「学校の施設に関するアイディアのグループ」、「ユニフォーム」や「ワッペン」は「参加者の状況に関するアイディアのグループ」など、関連がありそうなカードを集めます。次にできたグループにタイトルをつけます。

　それらのグループのタイトルを眺めて、さらに関連がありそうなもの同士をまとめます。「このグループとこのグループはオープンキャンパス当日のイベント運営方法に関するものだ」とか、「こちらは学生スタッフの事前研修に関するものだ」とか、チームで意見を出して、中グループにまとめます。

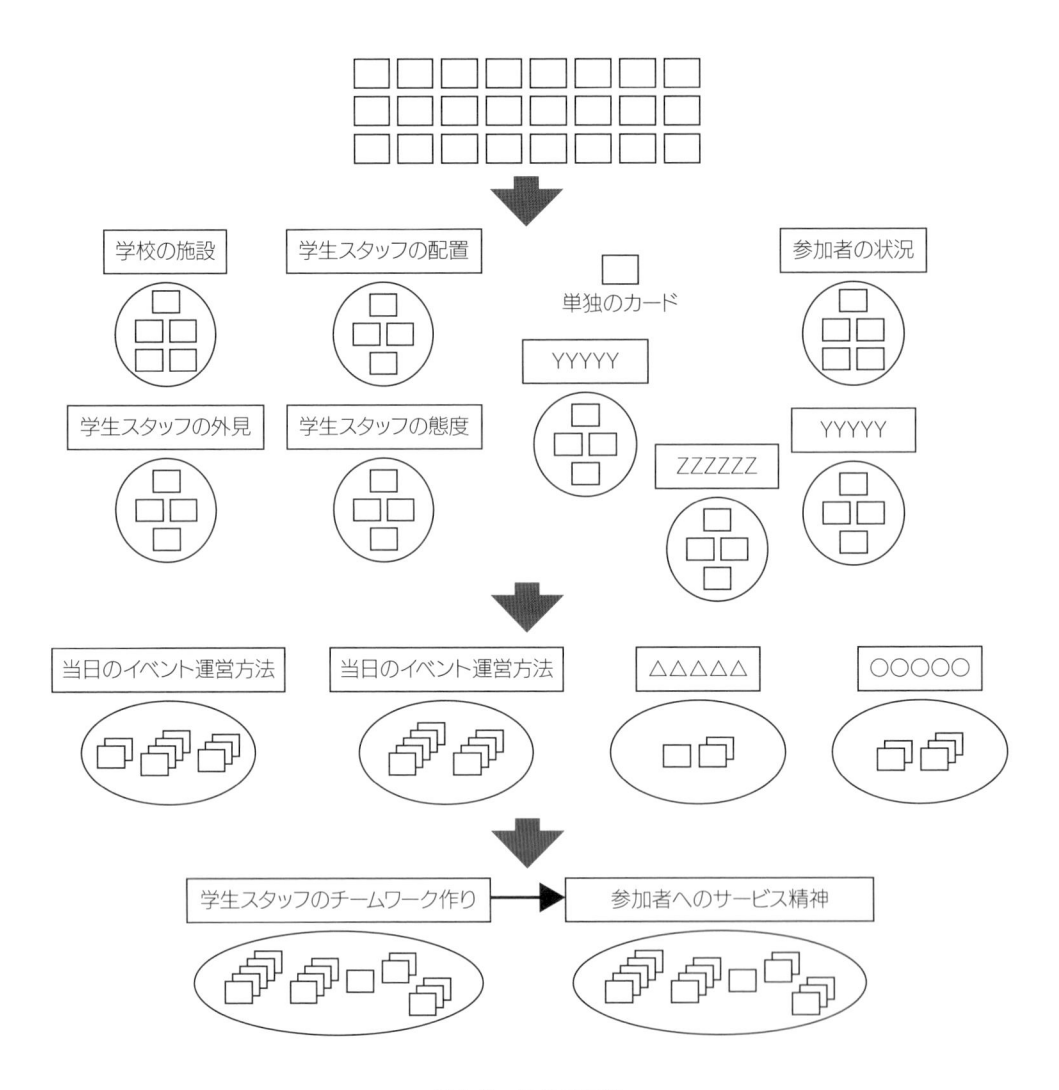

図1-9　KJ法の手順

　さらにそれらの中グループをまとめて大グループとしていきます。大グループになると数は減ってきますから、それらの大グループの間の論理的なつながりを、これは原因と結果だとか、ここは相互に関連しているなど、関連図にしてみましょう。わかりやすい絵にできたら、その結果を説明できるように文章にしていけば、レポートや発表資料としてまとめられます。

　最初からうまくまとめることは難しいかもしれません。でも、これからの話し合いで、まずさまざまなアイディアを出し合って、それらを関連があるもの同士でまとめてみるという考え方を活用していきましょう。

「シンク・ペア・シェア」「ラウンド・ロビン」「ブレーンストーミング」「KJ法」学習した技法を使ってみましょう。

1-2-5 行動タイプが異なるメンバーに対応する

🔲 DiSC理論による行動の傾向

ここまでで紹介してきた方法を使うことで、チームでの話し合いは活発になり、多くの良いアイディアも出てきました。しかし、活発なチームにおいても、意見は違っているのに一緒にいて居心地の良い人がいる一方、同じ意見なのに話すのがなぜか苦手だと感じる人がいたりするものです。ブレーメンの音楽隊を思い出してください。ロバや犬、鶏などの動物は人間に例えると、個性豊かな異なる種類の人間です。その異なる人々と一緒に、同じ目的に向かって活動するのがチームです。

青山君は「赤谷君は、いつも皆に指示をして、その場を仕切ってしまうから苦手だ」「黒田さんは、いつも冗談を言って楽しいけど、もっと話し合いに集中してくれないと時間がかかるな」と感じています。しかし赤谷君は「青山君は理屈っぽいなぁ」「白井さんは何考えているのかわからない」と思っているかもしれません。嫌いではないけれど、なんだかやりにくいのです。理由はいろいろ違うかもしれませんが、皆さんにも、そんな風に「やりにくいなぁ」と思う相手がいるのではないでしょうか。それは決して珍しいことではありません。

人間の行動を観察すると一定の傾向があり、自分と違う傾向の人のことは、なかなか理解できないのです。それを研究してまとめられた理論がいくつかあります。代表的なものは、「ソーシャルスタイル理論」や「DiSC理論」などです。

ここでは、DiSC理論を使って自身の行動の傾向を理解し、さらにチームメンバーそれぞれの行動傾向も理解することで、コミュニケーションをスムーズに行う方法を考えていきます。

DiSC理論[1]では、人間の「動機」と「欲求」の違いが行動傾向に表れていると考え、それをD、i、S、Cの4つのスタイルに分けています。Dは、"Dominance"の頭文字で「主導型」、iは、"Influence"の頭文字で「感化型」、Sは、"Steadiness"の頭文字で「安定型」、Cは、"Conscientiousness"の頭文字で「慎重型」を意味しています。

1　DiSC® は、米国John Wiley & Sons社の登録商標です。正確な自己分析には、正規のアセスメント教材を使用する必要があります。

それぞれの行動傾向は次の通りです。

●Dの行動傾向

- ああしろ！ こうしろ！ と頻繁に指示を出す
- チームの目標を明示し、どんな困難な状況でも成果を諦めずにチャレンジする
- 決断力がある
- 反応が早い
- 人の気持ちや考えに対してあまり配慮しない

図1-10　Dの表情

●iの行動傾向

- 人を元気づけ、人のやる気を引き出す
- 何事にも楽天的で好奇心旺盛
- 社交家で絶えず人と関わっていたい
- おしゃべりで騒々しい
- 事実やデータを重視せず、感情、感性に流されやすい

図1-11　iの表情

●Sの行動傾向

- 具体性や現実的な方法を重要視する
- 誰にでもわかりやすいようにシステム化、マニュアル化することが得意
- チームの和、調和を大切にする
- 人の話を最後まで聞いてくれるベストリスナー
- 八方美人で自分を出さない

図1-12　Sの表情

●Cの行動傾向

- 正確さ、緻密さ、正しさ、質の高さ、合理性を重要視する
- 事実、データ、論理を大切にする
- 物事を大局的に見て、無駄のない合理的なプランニングができる
- 理屈っぽく、厳しい
- 周到な準備や調査に時間をかけ過ぎる

図1-13　Cの表情

皆さんの周りに、「その通り！」と思わず顔が浮かんだ人が1人はいるのではないでしょうか。そこまで極端ではないけど、どれかにかなり近いと思える人は多いはずです。

　ここでは、各スタイルの特徴的な行動を述べました。大切なこととして、どのスタイルが良くて、どのスタイルが悪いということではないという点を覚えておいてください。人は皆、4つの要素すべてを有しています。しかし、これまでの経験や過ごしてきた環境により、強弱バランスが生まれています。どんなに弱くても、D、i、S、Cどれかの要素が全くないという人はいません。

　ほとんどの人は、各要素の複合形（Di、iS、CDなど）で表現されます。さまざまな人がいるから良いのです。それぞれに長所（強み）と短所（弱み）があります。まずは、それを理解することから始めましょう。

　ところで、皆さん自身はどのスタイルでしょうか。自分の行動の傾向を理解し、さらに相手の行動傾向も知ることで、どうすればうまくコミュニケーションを図ることができるのかを考えることができます。

ペースが早い

競争・外向的・能動的

仕事指向		人指向

| D 主導 | i 感化 |
| C 慎重 | S 安定 |

① 我が強い
② 我慢できなくなる傾向
③ 恐れ：利用されること
④ 具体的成果によって動機づけられる
⑤ 変化・挑戦を望む
⑥ 単刀直入な答えと物事に直面することが必要

① 感受性が強い、楽天的
② 混乱する傾向
③ 恐れ：人から認めてもらえないこと
④ 他人から評価されることによって動機づけられる
⑤ 友好的関係や好意的状況を望む
⑥ 優先順位と期限が必要

仕事指向
構える
クール
論理的
指示的

人指向
オープン
暖かい
感情的
支援的

① 基準が高い、完全主義
② 過敏になる傾向
③ 恐れ：自分の仕事に対する批評
④ 正しく実行することによって動機づけられる
⑤ 正確さと論理的なアプローチを望む
⑥ 納得する為に多くの説明と細かい情報が必要

① 不動、予想可能、静か
② 優柔不断になる傾向
③ 恐れ：安全、保証を失うこと
④ 慣例によって動機づけられる
⑤ 誠実に評価され安定・安全な環境を望む
⑥ 計画された変更やゆっくりとした変化が必要

ペースがゆっくり

協力・内向的・受動的

図1-14　DiSC行動スタイル

ここで各スタイルを見分ける方法について、図1-14を使って説明します。まず縦軸で見ると、ペースが早くて能動的なのはDとi、ペースがゆっくりしていて受動的なのはSとCです。さらに横軸で見てみると、人指向で支援的であり、感情を表すのがiとS、仕事指向で論理的であり、クールであまり感情を表さないのはDとCだということです。この組み合わせを参考にして、いつもの行動や口癖などを思い出して、自分やチームのメンバーなどのスタイルを予想してみてください。

　その他、わかりやすい見分け方として、対人関係においてそれぞれのスタイルの強みを使いすぎると周りからどう見られるのかを紹介します。これらに心当たりのある人はいませんか。

```
D：指示しすぎ
i：しゃべりすぎ
S：同意しすぎ
C：質問しすぎ
```

　以上の見分け方を参考にすると、アクティブ学園の実行委員会のメンバーの行動傾向はどうなるでしょうか。図1-5に書かれている各メンバーの特徴から考えてみましょう。

DiSC理論による対応の仕方

　さて、自分がなんとなく苦手だなと感じていた相手の行動傾向は理解できましたか。チームで活動し、チームの目的を達成するためには、苦手な人ともコミュニケーションをとる必要があります。そのときに、相手を変えようとするのは難しいだけでなく不可能と考えるべきです。変えることができるのは自分だけです。自分が相手に対する接し方を変えてみることが必要なのです。行動スタイル別にどのように接することが効果的かを紹介しますので、周りにいるちょっと苦手な人とのコミュニケーションの場で試してみてください。

●Dの人への関わり方
- 単刀直入に要件から切り出す
- 事実を論理的に短く話す
- 選択肢を提示して、相手に選ばせる
- 自信を持った態度で接する
- 適宜、主導権を渡す

●iの人への関わり方
- 相手が興味を示す話題を提供し、話をさせる
- アドバイスを求める
- タイムリーにほめる
- フレンドリーに付き合いやすい態度で接する
- 無駄話が多くなったら、切り上げて行動へと促す
- 指示や連絡は、口頭ではなく書面やメールなどで行う

●Sの人への関わり方
- 誠実に協力する態度を示す
- 貢献を認める
- 報告、連絡、相談を密に行う
- 役割を明確に示す
- プレッシャーをかけないようにする
- 急激な変化や前例がないことに対しては、リスクが少ないことを示す

●Cの人への関わり方
- 誇張せずに事実を淡々と話す
- 相手の正確性を尊重する
- 裏づけるデータ、証明する資料を示す
- 相手の論理を尊重し、その上でこちらの論理も理解してもらえるように説明する
- 感情的にならないように気をつける
- 考える時間を与える

DiSCスタイルとチーム活動

自分と異なるスタイルの人と関わるときには、自分がやりやすい方法ではなく、相手が受け入れやすい方法でアプローチしてみましょう。

もしかしたら、皆さんの中には「チームのメンバーが皆、自分と同じスタイルならやりやすくて、チーム活動がスムーズに進むのに」と考えている人がいるかもしれません。でも、本当にそうでしょうか。ちょっと想像してみてください。チーム全員がDスタイルで、お互いに指示ばかりしているとしたらどうですか（図1-15）。話し合いがまとまりそうにないと思いませんか。反対にチーム全員がSだったら、意見がなかなか出ないことになりそうです（図1-16）。いろいろなスタイルの人が集まっているチームのほうが、お互いに刺激しあって活発になり、良いチームになりそうだと考えることができます。

図1-15　Dだけのチーム

図1-16　Sだけのチーム

　チームの中では、それぞれのスタイルの人が、自分の強みをうまく活用して行動することが重要です。ここで理想的なプロジェクトチームを考えてみましょう。

- Dの人が、まずアイディアを出します。そしてそのアイディアを「いつまでに完成させよう!」とチームの目標を決めて、結果を求めます。
- iの人は、ムードメーカーとしてメンバーのやる気を引き出すとともに、そのアイディアをチーム外の人たちに売り込んで、認知度を上げるなどの働きかけをします。
- Sの人は、過去の事例などを参考にして、実現できるようなやり方を考えます。そしてそれに関するマニュアルを作るなどして、チーム内のメンバーが行動しやすいようにします。
- Cの人は、重要な点についてはさらに詳細なデータなどを調べて、完成度の高いプランを作り上げます。

　このように、メンバーが各自の強みをうまく出すことができれば、チーム活動の質が上がります。しかし、どのチームにもそれぞれのスタイルの人がバランス良くいるとはかぎりません。1つのスタイルに偏ることもあります。その場合はどうしようもないのでしょうか。そんなことはありません。DiSC理論は、その人が「どのタイプの人間か」を見ているのではなく、「どんな行動をするのか」を観点に分類しています。行動は意識すれば変えることができます。チーム内にDスタイルの行動をする人ばかりいるなら、自分が意識的に必要となる他のスタイルの行動をすることで、チーム活動を効果的に進めることができそうだと思いませんか。

　チームのメンバーを自分で選ぶことは難しいですが、自分の行動を決めることはできます。「チームのメンバーが良くないから作業が進まない」などと考えずに、自分がどう行動すれば話し合いや作業がスムーズに進むのかを考えて、チーム活動を活性化させましょう。

　ここまで、DiSC理論を学んできました。学んだことを生かすために、皆さん自身はどのスタイルか、周囲の人々のスタイルは何かを考えて、ワークシートに書いてみましょう。

第1章をふりかえって

1-1　社会で必要なコミュニケーション力

・学生でも、学校の枠から出たら社会人

・社会人の基礎力は「アクション」「シンキング」「チームワーク」

・チーム活動はブレーメンの音楽隊のごとく

・コミュニケーションが良いチームはプラスの結果を出せる
　コミュニケーションが悪いチームはマイナスの結果しか出せない

・良い人間関係が自己の人間性を養う

1-2　授業におけるコミュニケーション力

・アクティブ・ラーニングでは学生が主役

・学校でも、チーム活動を通して学ぶことが多い

・チームの状況に応じて、活動を円滑にする方法を使うと効果的

・チームにはさまざまな行動スタイルのメンバーがいるから活性化する

・自分の行動傾向をまず知り、相手の行動傾向も理解して対応を考える

・相手を変えることはできないが、相手への自分の接し方は変えることができる

第2章

会話力（聞く・話す）

この章で**学ぶこと**

　　コミュニケーションの基本は「会話力」です。チームの中での話し合いにも、基本の会話力が必要です。自分の目の前にいる1人に通じない話が、多人数に通じるはずはありません。では話が上手になれば会話力が増すかというと、そうではありません。「話し上手は聞き上手」の言葉通り、他人の話をきちんと聞けない人は、相手の心にしみる話はできないものです。

　　「話す」「聞く」という順番が一般的ですが、この章では、あえて重要な「聞く」から先に学習します。

この章の**ポイント**

●会話力

　「会話力」というと、誰でも「言葉」を介した会話を思い浮かべますが、言葉は道具のひとつであるだけで、それだけでは会話は「力」にはなりません。会話力に必要な要素と、言葉を効果的に使う重要性を学びます。

●聞くことの重要性

　「聞く」ことは、思っている以上に難しいものです。話をしているうちに、なんとなく不快な気持ちになって口を閉ざしたり、反対に黙っているつもりだったのに、つい話してしまったりという経験は誰にでもあるでしょう。それは、聞き手に問題があるからです。皆さんが「良い聞き手」になるため必要なコツや技法を学習します。

●話すことの重要性

　「話す」のには何か目的があります。情報を伝えたり、説得したり、あるいは励ましたり、その目的はさまざまです。そこが単なる「おしゃべり」とは異なります。目的に合わせて効果的に話すコツや技法を学習します。

この章を**終えると**

●ネット時代における対面の会話の重要性を述べることができる

●言葉だけに頼らずに、全身を使って会話をすることができる

●話し手にとって話しやすい聞き手の要素を述べ、実践できる

●聞き手が理解できる話し方で、目的とした情報を伝達できる

会話力

2-1-1 会話力とは

🔲 会話と会話力の違い

　私たちは、毎日どこかで誰かと、ごく自然に会話をしています。学校では先生や友人、部活の部員などと、家庭では家族や近所の人々と、お店では店員と会話をしながら過ごしています。では、そうした「会話」と「会話力」には、どのような違いがあるのでしょうか。

　会話力の「力」は、「能力」という意味と、「力を発揮する」という場合に使う「力」の両方を含んでいます。つまり、会話が成立し、さらにその会話によって何かの効果があるときに「会話力がある」と言えます。皆さんも、誰かと会話をしていて、落ち込んだ気持ちが明るくなったり、迷っていることを決断したり、悩んでいることが解決できたという経験があるでしょう。これが会話力です。

　次の例は1年生のA君と3年生のB君の会話です。A君は、ある部に入るかどうか迷っており、思い切って先輩のB君に聞いてみました。

A　「先輩、入部、迷っているんですが、質問していいですか?」
B　「もちろん、なんでも聞いて!」
A　「部活、楽しいですか?」
B　「すご〜く、楽しいよ」
A　「でもキツイんじゃないですか?」
B　「そりゃ、大変だよ!　今日もクタクタだ〜。ハァ」
A　「勉強と両立するの大変ですか?」
B　「大変だよ、でも僕は部活に重点を置いているから、これでいいんだよ」
A　「そうですか。ありがとうございます」

　この会話から、A君は入部するか否かを決定する要因となる情報を得ましたか?　この会話が何かの「力」を発揮すると思いますか?　部活が楽しいことはわかりましたが、何がどう楽しいのでしょうか?　部活が厳しいとことはわかりましたが、どの程度でしょうか?　週にど

の位の時間を費やすのか、勉強と両立できているのか、できていないのか、それもよくわかりません。この会話の前と後で、A君が持っている情報は何も増えていないのです。

これは聞き手の聞き方に問題がありそうです。「楽しいよ」と答えが返ってきたときに「どういう点が?」と、もう一歩進んで聞いてみたら、きっと具体的な回答を得られたに違いありません。先輩と会話するせっかくの機会なのですから、聞きたいことを前もって頭の中で整理しておくべきです。そうすれば、より効果的な会話になり、会話力を発揮していたことでしょう。

では先輩のB君には問題はないでしょうか? いいえ、B君にも問題があります。聞き手が欲しがっている情報が何かを察する力が欠けています。わざわざ質問しに来た後輩に、部の魅力を伝えてあげようという先輩の心遣いがありません。「はい」「いいえ」「わかった」「おもしろかった」「つまらなかった」という答えは、まるで「子供のおつかい」レベルです。このような受け答えでは、会話が続かないだけでなく、気まずい雰囲気になってしまいます。これでは、表面上の会話しかできず、力を発揮することはできません。日頃から聞かれたことにしか答えない習慣がある人は注意しましょう。

会話力には、聞き手と話し手の両方の能力が必要です。しかし現実には、良い聞き手と良い話し手が揃うことはめったにありません。うまく会話が進まないときには、「相手が悪いから」と思いがちですが、「相手だけでなく自分も悪かった」と思えば、皆さん一人ひとりが「聞く」と「話す」の両方の能力を身につける必要性が理解できるでしょう。聞き手になったときには、うまく質問し、あいづちを打って話を引き出していきましょう。また話し手になったときには、相手が必要な情報を相手が理解できる言葉で伝えてください。きっと良い会話が成立するに違いありません。

良い聞き手、良い話し手になるコツは、頭の中で「5W2H[1]」（図2-1）で整理することです。すべての項目を揃える必要はありませんが、「どうして?」「いつ?」など、常に自分自身に問いかける習慣をつけるようにしてください。

<5W2H>

When ：いつ
Where ：どこで
Who ：だれが
What ：なにを
Why ：なぜ
How ：どのように
How much (many)：どのくらい

図2-1　5W2H

会話力の効果

ここまでで会話力とは何かを理解できたと思いますが、「その効果は?」と聞かれると、「情報の伝達」を挙げる人が多いと思います。確かに、良い聞き手は多くの情報を収集し、良い話し手は相手が必要としている情報を正確に伝えることができます。しかし、情報の伝達だけで

1　従来は「5W1H」でしたが、最近はHow much(many)を追加して「5W2H」とされることが多くなりました。どちらも間違いではありませんが、会話では「数量」も重要な要素なので、本書では「5W2H」を採用しています。

対面での会話には力がある

信頼　友情

連帯感

あれば、メモでもメールでも同じ効果を上げられるはずです。

　重要なのは、「情報伝達をした結果、どのような良いことが起きるか」という点です。言いたいことが的確に伝わり、聞きたいことが聞き出せる会話が成立すると、お互いに相手のことがよく理解できます。相手が考えていることや、相手の気持ちを察することができるのです。たとえ相手の意見と対立しても、その背景や考えを理解できれば、意見は異なってもお互いに信頼しあうことが可能です。これが会話力の効果です。

　「この人と話をして良かった！」と思える人は、良い聞き手であり良い話し手である人です。こういう人との会話は心地良いもので、安心感や信頼感があります。周囲には自然に人々が集まり、良い人間関係が生まれます。これこそが、会話力の効果です。

　しかし会話力が逆の効果を発揮し、会話によって人を傷つけたり、せっかくの良い人間関係を台無しにしたりしてしまうこともあります。「力」、すなわち能力には、プラスの効果とマイナスの効果があることに十分注意して、会話力を身につけましょう。

2-1-2　言葉を介した会話力

🔲 言葉とは

　地球上の生き物は、哺乳類はもちろんのこと、昆虫や魚類、植物さえも、何らかの方法でコミュニケーションをとって生きています。しかし、「言葉」を使ってコミュニケーションをとるのは、人間だけです。「人間以外の動物にも言葉がある」という研究結果もありますが、それは「敵が来た」「食べ物がある」「好きだ」「嫌いだ」など、生きることや子孫を残すための情報を伝達するものです。人間のように、哲学や歴史までも伝達する言葉ではありません。人間は、言葉を使用することによって、高度な文化を持つ社会を築き上げることができたのです。つまり、言葉は人間だけが持つ独特のコミュニケーションの道具といえます。

情報交換をしている

コミュニケーションをとっている

遊ぼうよ　　OK!

■ 言葉を文字に

では人間が言葉の使用だけで高度な文化を築けたのかというと、そうではありません。実は、言葉を「文字」で表現したことが、大きなカギになりました。言葉だけでは、目の前にいる人にしか伝えられませんが、文字は石や木に刻むことができるので、言葉を保存することが可能です。保存できれば、目の前にいない人や、まだ生まれていない人々にも言葉を伝達することができます。これによって、言葉は場所や時間の制約を超えて動き始めました。

さらに、紙や印刷技術の発明によって大量にコピーを作ることができるようになり、容量という点でも制約が減りました。そして、現在のようなネット社会においては、文字表現の自由度は無限ともいえる状況になりました。「言葉を文字にする」ということが、どれほど大きな効果を生み出したかを考えると、文字が人類最大の発明といわれる理由がわかります。

■ コミュニケーションの3要素

では会話は、文字に表現できる言葉だけで成立しているのでしょうか？　いいえ、実際は文字にできない要素のほうが多いものです。私たちは対面して会話をするとき、無意識ですが、図2-2の3要素を使ってコミュニケーションをとっています。

この3要素の中で、真意を伝えるのに一番影響を与えるのは、③の「表情や態度」です。本当でしょうか？　言葉によって人間が高度な社会を築いたことを学んだばかりなのに、言葉の効果が少ないとは、いったい、どういうことでしょう。

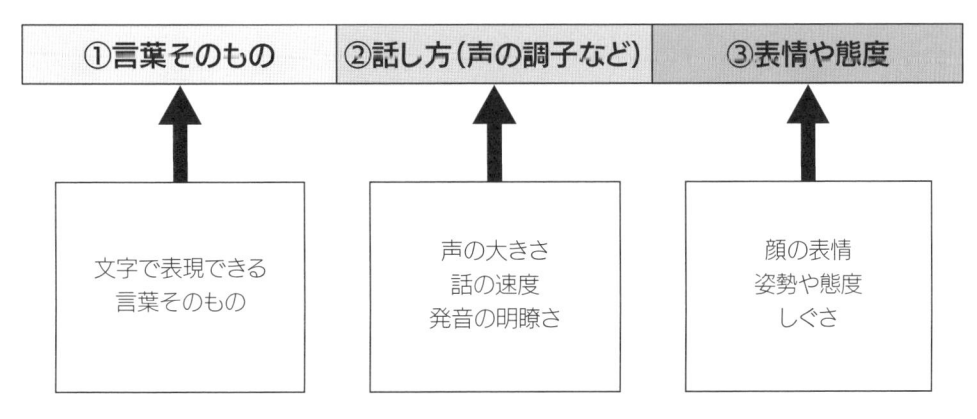

①言葉そのもの	②話し方（声の調子など）	③表情や態度
文字で表現できる 言葉そのもの	声の大きさ 話の速度 発音の明瞭さ	顔の表情 姿勢や態度 しぐさ

図2-2　コミュニケーションの3要素

具体例で考えてみましょう。右の枠内の文章を自分のことだと思って読んでください。友人の言葉を聞いてホッとするでしょうか？「怒っていない」という言葉の「文字だけ」を見たら、誰でもそう思うに違いありません。

　しかし、友人の言い方が、低く大きな声で怒鳴るようだったら、どうですか？　友人の顔が怒りに引きつっていたら、どうですか？「怒っていない」という言葉と裏腹に「怒っている」という事実を明確に悟るに違いありません。このとき、「怒っていない」という言葉は何も意味を持たないだけでなく、かえって怒りの深さを感じさせるものになります。

　このように、会話の中で、言葉とは逆の真意を感じたことはありませんか？　誰でも一度は経験があると思います。また、自分が真意とは反対の言葉を言った経験はありませんか？　たとえば、本当は嬉しくないことなのに、「嬉しい、ありがとう」と言ったことなどがあるでしょう。そのことをワークシートに記入しておきましょう。

> いつもは仲の良い友人に、傷つけるようなことを言って口喧嘩になりました。翌日、その友達に謝ったら、「怒ってなんかいないよ」と言ってくれました。

図2-3　「言葉の真意」の例

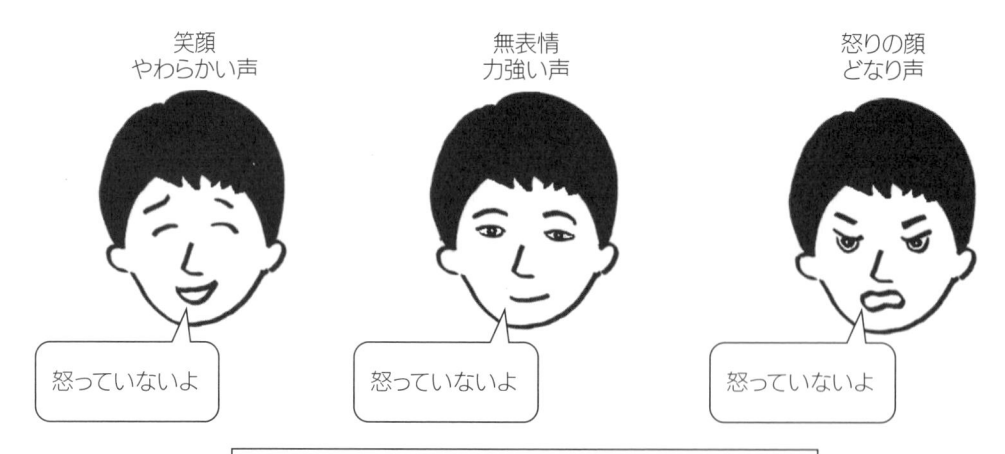

図2-4　コミュニケーションの3要素の具体例

バーバル表現とノンバーバル表現

　会話力には言葉だけでなく、他の要素もあることが理解できたと思います。しかし、私たちが会話をする上で注意するのは、やはり言葉ではないでしょうか。たとえば、皆さんが重要な事柄について話をする場合、「どんな言葉を言ったらよいのか」を真っ先に考えるでしょう。あるいは、傷ついたときや喧嘩したときには「あんなひどいことを言われた!」とか「私があんなことを言ったから怒ったのかしら?」と、言葉について考えるのが普通です。

　「そんなこと言ってない!」「いや言った」というけんかは、家庭でも学校でも、政治の世界でさえ日常茶飯事なのです。コミュニケーションを学ぶ私たちは、ここで言葉の重要性を再確認すると同時に、それ以外の要素にも注目して学習する必要があります。

　コミュニケーション関連の分野では、これらの表現を図2-5のように2つに分けています。

　「バーバル表現」とは、言葉で表現できる、つまり図2-2の「コミュニケーションの3要素」の①を意味しており、「ノンバーバル表現」は、図2-2の②③を意味しています。

　会話においてバーバル表現が優れている点は、なんといっても文字で表すことができるという点です。たとえば時間や金額など数字に関することは、文字で記録したいものです。後で確認する必要があるものは言葉で表現するのが良いのです。「会話と会話力の違い」の項(26ページ)で触れた5W2H（図2-1）に関する内容は、曖昧にせずに明確な言葉で表現し、さらにメモすることによっていっそう確実なものになります。

　それに対して、感情や気持ち、意見や夢など、文字に表現しにくい内容は、「ノンバーバル表現」のほうが相手に伝わるものです。ときには前項の例（図2-4）のように、言葉とは正反対の気持ちが伝達されます。

　会話力を深めるには、バーバル表現とノンバーバル表現の両方のバランスをとることが必要です。つまり、聞き手になるときには、相手の言葉だけでなく、しぐさや態度も観察しながら聞く必要があります。また話し手になるときには、伝えたい内容にふさわしい話し方と適切な態度で話すべきです。

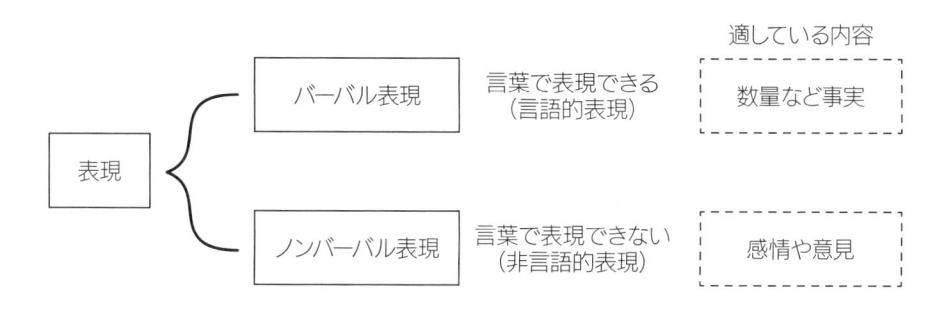

図2-5　表現の分類

2-1-3 道具を介した会話力

会話する状況

　ここまで学習してきた会話力では、「フェイス to フェイス」すなわち対面している相手との会話を想定しています。しかしネット社会である現在、SNSなどの普及により、目の前にいない相手とのコミュニケーションにも「会話」という言葉を使用しています。会話という言葉の範囲が広がり、そこにもコミュニケーション力が必要となっています。

　対面している場合、道具は不要ですが、非対面の場合は、電話やパソコンなど何かしらの道具が必要

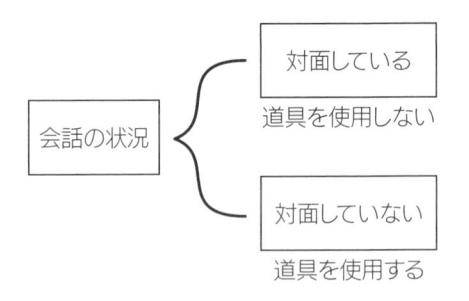

図2-6　会話の状況

になります。道具によって会話の状況が異なり、注意するべき点も違ってきます。

　ここで、もう一度コミュニケーションの3要素を復習しながら、会話の状況と3要素の関係を見比べてみましょう（図2-7）。①～③は、独立している要素ではなく、互いに結びついています。特に、「言葉」と「声」は切り離すことはできません[2]。同時に入力される要素と考えるべきです。

　対面の会話では①～③のすべての要素を使ってコミュニケーションをとりますが、電話による会話では③、つまり相手の表情や態度を見ることができません。さらにネットを使用したメールやチャットなどの場合は、②も③も相手には届きません。3要素のうち①の言葉だけで会話

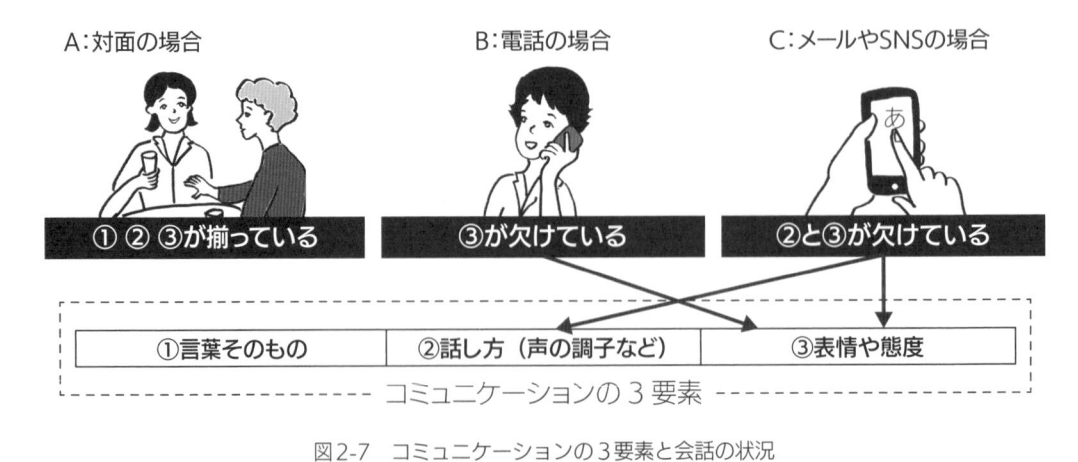

図2-7　コミュニケーションの3要素と会話の状況

2　特殊なケースとして手話や筆談が挙げられます。たとえば、手話は「言葉」ですからバーバル表現のひとつですが、声はついていません。代わりに身振り手振りがついています。この場合は、3要素のうちの①と③で構成されているバーバル表現といえます。

をしているのですから、欠けている部分を補う必要があります。欠けている部分を意識せずに目の前にいるのと同じ感覚で会話することが原因で、誤解を招くことが多々起きています。

 欠けている部分を補う

電話の場合、言葉だけを発しても、③の表情や態度を伝えることができません。しかし実際は、声の調子など話し方によって、表情や態度を目に浮かべることができるものです。人間は楽しいときには明るい高めの声で話をしますが、苦しいときには低く沈んだ声で話すものです。このように言葉に付随する声が、③の部分を補ってくれます。したがって、電話の場合には、いつもより声に抑揚をつけ、明確に気持ちを表現するように心がけることが必要です。

電話の前でお辞儀をしながら話している人を見かけたことはありませんか？　その態度は、きっと相手に伝わっていることと思います。特に、お詫びやお礼など気持ちを表現するときには、相手に見えないことがわかっていても、ふさわしい表情や態度で話すと真意が通じます。

では、メールの場合はどうでしょうか？　②も③も欠けています。これは三輪車に一輪だけで乗っているのと同じで、真意を伝えるのは非常に難しいことです。ところが、ネット社会ではあまりに気軽にメールを使用しているため、誤解を招くだけでなく、犯罪に巻き込まれたり、だまされたり、多くの問題が起きています。

顔文字で感情を表現したり、軽口の後に「（冗談）」という解説を入れたりすることで、少しは②と③が補われていますが、それだけでは不十分です。一番簡単で効果のある方法は、「基本はフェイス to フェイス」という点を思い出すことです。「目の前にいたら、そんなことを言うかな？」「こんな言葉を使うかな？」と想像力を働かせてみてください。対面しているつもりでメールを書けば、受信する相手が、そのメールをどのような気持ちで受け取るかを目に浮かべることができるはずです。

メールがこれほど普及していない時代には、手紙を書きました。手紙は、ときには書き損じて書き直すこともあるので、相手に届くまで時間がかかります。住所を書いたり切手を貼ったり、書いた手紙をポストに投函するまでの時間は、送信キーを押すのとは比較にならない時間が必要です。この間に想像力が働き、自然に自己によるチェックが行われて、相手に対する気配りができたのです。

手紙と同じにする必要はありませんが、せめて送信キーを押す前に読み返すことを実行してください。特に感情的な内容の場合は、すぐに送信せずに一晩おいて、翌日になって読み返してから送信するように心がけてください。それだけで大きなトラブルを回避することができます。

ネット社会は広がっていく

多様化するコミュニケーション

電話、メール、Twitter、LINE、Facebook…皆さんは、どのような方法で、家族や友人などとコミュニケーションをとっていますか。電話もメールもSNSも、と複数のツールを使用している人がほとんどでしょう。しかし、ほんの数年ほど前には、携帯電話は使用してもメールは使わないという人が多くいました。ICT関連の技術は日進月歩、特にコミュニケーションに必要な技術の進歩は目覚ましく、また「家族割引」のようにサービスも改善されてきたので、使用する人の範囲が広がり、幼児から高齢者までICTへの依存度が増してきます。

さらに、技術の進歩だけでなく、グローバル化への流れも速度を増し、社会全体の変化も大きく、多様化の幅はますます広がってきます。こうした時代の流れの中で、どのようにコミュニケーションを考えていけばよいのでしょうか。

なかには、「ついていけない！」と、コミュニケーションそのものを拒否したくなる人もいるかもしれませんが、それは賢いやり方ではありません。新しい技術は、多くの恩恵をもたらします。現代に生きる皆さんがそのメリットを生かさない手はありません。コミュニケーション・ツールがどれだけ進歩し、多様化しても、その目的は人間と人間を結びつけることです。人間同士がいがみ合い、争うためのものではありません。最大限に技術を利用しながら、人間関係を深めていくのが、現代に生きる若者の役割なのです。

基本はフェイス to フェイス

コミュニケーションの方法が多様化し複雑になってくると、従来の方法では決して出会うことのなかった人との人間関係が築けるなど、コミュニケーションの幅が広がります。しかし一方では、従来なら意識せずに心の絆を結べた人間関係が希薄になるなど、かえってコミュニケーションの幅が狭くなってしまうケースも出てきます。

どちらのケースであっても、「基本はフェイス to フェイス」ということを覚えておくことが、コミュニケーション上手になるためのキーになります。

まず「コミュニケーションの3要素」の①～③が揃っていることが重要です。その基本が念頭にあれば、欠けている部分を補う作業をすることができます。補足がうまくいけば、仮想であってもフェイス to フェイスに近い状態を作ることができます。

たとえば、「テレビ会議」はその良い例です（図2-8）。電話では③が、メールでは②と③が欠落しているので、それを補うためにお互いに映像を見ながら会議をします。こうすると、世界の反対側にいる相手であっても、声の調子、顔の表情、手振りなどを知ることができます。

現在では、画像が不明瞭であったり、数秒でも時間差を感じたりと不具合もありますが、すぐに技術が追いつき、臨場感のあるテレビ会議ができるようになるでしょう。

コミュニケーションの3要素

①言葉	②話し方	③表情や態度

図2-8　テレビ会議なら3要素が揃う

　しかしそれでも、本当の「フェイス to フェイス」とは異なります。同じ場にいて同じ空気を吸っている者同士と、映像で見ている者同士には、大きな差があります。たとえば、豪雪地帯に住む人と温暖な土地に住む人がテレビ会議をしているとしましょう。背景の窓の外に雪が降り始めたときに、こちら側では「わぁ、素敵!　雪だわ!」と発言し、映像の向こう側では「明日も朝から雪かきだぁ…」と辛そうなため息が出るかもしれません。この温度差、実際の気温だけでなく気持ちの温度差は、本当の「フェイス to フェイス」では生まれ得ないものです。こうしたズレは、天候などではない深刻な内容では大きな問題になる可能性があります。

　これが「場」の力です。「同じときに同じ場にいる」ということは、「フェイス to フェイス」の重要な要素なのです。今後、ICTの技術が発展し、ロボットなどの介在によって存在感を伴うコミュニケーションが可能になったとしても、生きている人間同士が同じ「場」に存在することを仮想で実現するのは不可能です。だからこそ、同時代に地球上に存在している人間同士のコミュニケーションが大切なのです。図2-9に「フェイス to フェイス」についてまとめます。

フェイス to フェイス	＝	コミュニケーションの3要素	＋	場

図2-9　「フェイス to フェイス」には「場」が大切

コラム：動物のコミュニケーション

　「言葉とは」の項（28ページ）で、動物もコミュニケーションをとっているが、言葉を使うのは人間だけであると記述しました。「うちの犬は言葉を使う!」とか「うちの猫は〝生きること〟と無関係な遊びを要求する!」などと異論を唱えた人もいることでしょう。動物のコミュニケーションは、まだ研究が始まったばかりで未確認のことが多いのですが、少なくとも人間と同じ哺乳類は、声や身振りで意志を表現していることは確かです。コミュニケーションの3要素の②と③を使っているのです。言葉がなくても伝わることが沢山あるということを、私たちは動物から学ぶことができるのかもしれません。

聞くことの重要性

2-2-1　聞くとは

　皆さんは、「聞くこと」と、「話すこと」のどちらが得意ですか？　このような質問をされたら、どう答えますか？　「人前だと緊張するので話すのは苦手だ」とか、「自分で話題を見つけるのが苦手なので、相手の話を聞く方が楽だし、得意だ」などと答えるのではないでしょうか。なかには、「話すのが大好きで、止まりません」と答える人もいますが、多くの人は「話すよりは聞く方が得意だ」と考えているようです。

　しかし、「友達との会話、授業やプロジェクト活動でのグループ討議の場などで、しっかりと聞くことができていますか？」とか、逆に「周りの人に自分の話を聞いてもらっているという実感がありますか？」こう聞かれるとどうでしょうか。自信をもって、「はい」と答えられる人は少ないでしょう。

　聞くことは簡単そうですが、意外と奥が深いものです。

■ 3種類の「きく」

　ここまで「聞く」という漢字を使ってきましたが、「きく」という漢字は3つあるのを知っていますか。「きく」という行為にもいろいろなレベルがあるのです。漢字は象形文字なので、文字に意味の違いを含んでいます（図2-10）。

　①の「聞く」は、耳という器官が音を無差別に入力する行為で、動物としての人間の基本機能です。したがって、ときには雑音や聞きたくない音も入ってきます。この場合に耳を塞ぐのは、自分自身しかいません。誰でも大きな雑音には本能的に耳を塞ぎますが、他人の誹謗中傷や聞いてはいけない秘密に対しても、強い意志を持って耳を塞ぐ必要があります。

　②の「聴く」は、音楽鑑賞や医者の問診などで使います。耳だけでなく、目で見て相手の様子を観察し、心の中を考えながら「きく」のです。相手が言葉として発していないものも、受け取ることができます。「聴く」という行為は「聞く」よりも優先されるので、集中して聴いていると、周囲の雑音が聞こえにくくなります。夢中で好きな音楽を聴いていると、母親の「勉強しなさい」という声が聞こえなくなるのは、この例です。

　③の「訊く」は、「耳」はなく代わりに「口」が使われています。「言」は「言葉を使う」ということです。すなわち、相手が言わないことを、こちらから言葉を使って聞き出す場合につかう「きく」なのです。たとえば、迷ったときに「道をきく」などはこの例です。旁の「卂」は「素早く」という意味ですが、決して「せかして早く聞き出す」という意味ではありません。

① 聞く：耳を門のように開いてきく。聞こうと意識せずにきくこと
　　　　　＊耳できく（英語では hear）
② 聴く：五感を研ぎ澄ましてきく。集中して意識してきくこと
　　　　　＊耳と目と心できく（英語では listen）
③ 訊く：言葉を使ってきく。答えを求めて人に尋ねたり問うこと
　　　　　＊口を使ってきく（英語では ask）

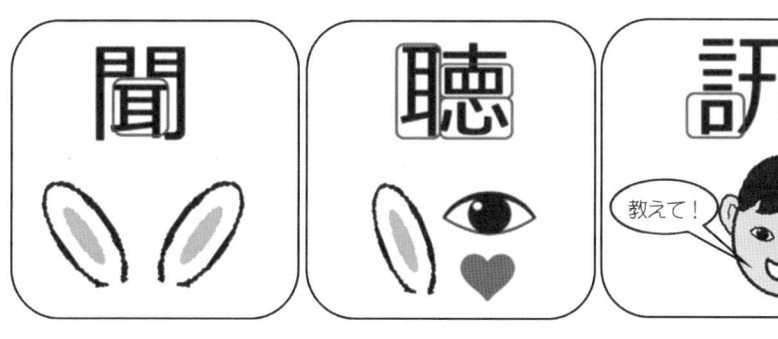

図2-10　3種類の「きく」

こちらから訊かなければ得られない情報を「迅速に」得られるという意味で使われています。日常生活の中でも3種類の「きく」を意識してみましょう。

　いままで3種類の「きく」を意識したことがありますか？　意味をよく理解した上で、3種類の漢字を使って、ワークシートに文章を作ってみましょう。

　友達とのおしゃべりでは、①の「聞く」で問題ないのですが、グループ討議などの場では、しっかりとお互いの意見を理解しなければならないので、②の「聴く」を意識する必要があります。さらには不足していることがあれば、それを補うために③の「訊く」が必要となります。

　私たちは、自分が考えていることをすべて言葉にできるとは限りません。相手も同じなのです。「聴く」ことができれば、相手が伝えようとしている真意を受け取ることができます。

　さらに「訊く」ことができれば、相手が気づいていないようなことについても、引き出せる可能性があります。皆さんも、信頼できる人と話していると、自分で気づかなかった心の底にある気持ちがわかったり、自分でも驚くほどのアイディアが生まれたり、することがあるでしょう。このように「訊く」には、新しいことを生み出す力があります。この「訊く」力は、社会に出たときに必要とされる「提案力」にもつながります。

　「きくこと」は練習をして身につける必要がある能力です。「2-1　会話力」でも紹介した「話し上手は聞き上手」という言葉にあるように、話が上手な人は、相手の話もしっかりと聞くことができています。

傾聴とは

　「聴く」ための重要な技法に、臨床心理学者のカール・ロジャースが提唱した「アクティブ・リスニング（Active Listening）」があります。これは、「積極的傾聴」と訳され、相手の言葉を聴く姿勢や態度、聴き方の技術を指しています。

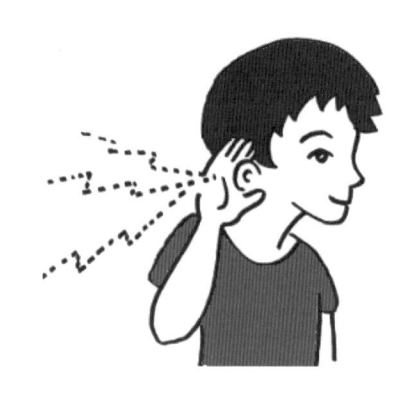

　積極的傾聴は、カウンセリングにおけるコミュニケーション技法のひとつとして使われていますが、一般的なコミュニケーションの場においても、傾聴することは重要です。相手の言葉の意味だけではなく、その発言の背後にある考えや気持ちを、相手の立場になって理解することが必要なのです。

「聴く」は耳を傾けること

　ところで、皆さんはいつも「聴く」ことができていますか？　なんとなく「聞く」ことはできていても、集中して「聴く」ことは、実際にはいろいろな障害があるので難しいものです。たとえば、「興味あるテーマの授業を聴きたい！」と思っていたのに、集中して聴けなかったことはありませんか。ここで、皆さんが、今までに聴くことができなかった場面を思い出してみましょう。そのときに、聴くことができなかった理由は何でしたか。以下によくありそうな理由を書き出してみました。これ以外もありそうですから、思いつくものがあれば、ワークシートに記入してみてください。自分が体験したこと以外でもいいので、いろいろな場面を想像してみましょう。

- 別のことが気になっていた
- 周りが騒がしくて、よく聞こえなかった
- 話に関心がなかった
- 相手と意見が合わないので、聞く気にならなかった
- 相手の話が長くてイライラしてしまった
- 自分の意見を言いたくて、話に集中できなかった

傾聴するための心構え

　傾聴するためにはいろいろな障害があり、思った以上に大変だということは理解できたと思います。ここでは、傾聴するための心構えを確認しておきましょう。

積極的傾聴における聴き手の心構えで重要なことは、以下の3つです。

① **相手の立場になって考える**

　相手の考えや気持ちを相手の立場になって理解しようと努力しましょう。

　相手のことをすべて理解することはできませんが、自分がその人だったらどう思うか、どう感じるかを想像してみましょう。

　たとえば、グループ討議のときに、「そんな面倒なことはしたくない」と思うことを「ぜひやるべきだ」と主張するリーダーがいたとしましょう。「その人はなぜやるべきだと思っているのか」を考えてみてください。「リーダーから仕事を押し付けられる」と考えずに、自分がチームをまとめる立場ならどう言うだろうかと想像してみましょう。

② **相手の言葉をいきなり否定せずに、まず受け止める**

　自分の判断や評価の枠組みをいったん外し、相手の考えを最後まで聴いて理解しましょう。自分が正しいと思っていることと違う意見を相手が主張したときに、話の途中で、「それはおかしい」と口をはさんだり、適当に聞き流したりすることはやめましょう。途中で判断せずに、相手の話を最後まで聴くことが大事です。

　最後まで聞いてみると自分の意見も変わるかもしれません。「なるほど」と納得するかもしれません。最後まで聞いても、やはり「おかしい」と思ったら、改めて自分の意見を堂々と述べることです。あなたが相手の話を最後まで聞いたら、相手もあなたの話を最後まで聞いてくれるに違いありません。

③ **自分の気持ちを素直に伝える**

　相手の話を聞くときに、本当はそう思っていないのに、「そうだよね」「その通り！」などとあいづちを打つことはやめましょう。自分と考えが違う場合は、それを素直に伝えるべきです。ただし、②で説明したように、相手の言葉を否定するのではなく、どの点が違うのかを明確にして、そこからどうするのかを前向きに考えていく姿勢が必要です。

傾聴の技法

　傾聴のための心構えを確認できたので、次に傾聴するために有効な技法について見ていきます。いろいろなものがありますが、ここでは、すぐに使える7つの技法を紹介します。

① **あいづち**

　話を聞いていることを相手に伝える最良のコミュニケーション手段は、あいづちを打

〈傾聴の技法〉
① あいづち
② オウム返し
③ 言い換え
④ うなずき
⑤ アイコンタクト
⑥ ミラーリング
⑦ 姿勢・態度

7つの技法
どれが使えるかな…

図2-11　傾聴の技法

つことです。あいづちを入れながら話を聞いていると、話し手は話しやすくなり、どんどん話してくれます。そうすれば、聞き手は相手のことをより理解できます。逆に、聞き手がずっと黙ったままでいると、話し手は本当に聞いてもらっているのかと不安になります。タイミングの良いあいづちを打つことで、会話を弾ませましょう。

　ところで、皆さんは人の話を聞くときにどんなあいづちを使いますか？　自分がよく使うあいづちをワークシートに書き出してみてください。意識したことがなくて思い出せない人は、友達に聞いてみましょう。口癖のように使うあいづちは、他人のほうが気づくものです。たとえば、「はい」「ええ」「へえ」「ほう」「そう」「そうなんだ」「そうですね」「ふーん」「なるほどね」「おや!」「ホント?」などが、よく使われるあいづちです。

　もちろん、これ以外にもいろいろなあいづちがあります。それだけバリエーションがあっても、実は、私たちはいつも同じあいづちを使うことが多いのです。あまり意識していないかもしれませんが、皆さんもワンパターンになっている可能性があります。楽しい話でも悲しい話でも、いつも同じあいづちでは、相手はちゃんと聞いてもらっていると感じることができません。場合によっては、話をしたくなくなるかもしれません。相手の状況や話の内容に応じて、あいづちの言葉を変えたり、同じ言葉でも、言い方や声のトーンを変えたりして工夫をしてみましょう。

　口癖のひとつとして、同じあいづちの言葉を2度繰り返して使う人がいます。たとえば「なるほど、なるほど」「はい、はい」「わかった、わかった」などです。このような使い方は間違っているわけではありませんが、せわしなく軽薄な感じを与え、「本当の気持ちじゃない」と受け止められることがあります。

　試しに、早口で「なるほど、なるほど」と言ってみた後に、ゆっくりと「なるほど」と言ってみてください。ゆっくり言ったほうが、本当に「そうか、そうなんだ、なるほ

〈参考：あいづちの「さしすせそ」〉
「さ」： さすが！
「し」： 知らなかった！
「す」： すごい！素敵！
「せ」： センスがいいね！
「そ」： そうだよね

　相手に気持ち良く話してもらうために効果的なあいづちなので、自分流にアレンジして使ってみましょう。

図2-12　あいづちの「さしすせそ」

ど」と、感心している様子が伝わります。もし、2度重ねが口癖になっている場合は、今から直すよう心掛けてみてください。1週間も練習すると直ります。

　対面している会話でもあいづちは重要ですが、電話での会話においては、前項で説明した通り、コミュニケーションの3要素の中の「③表情や態度」が欠けているため、適切なタイミングであいづちを打つことは、より大事になります。皆さんも友達との電話で、相手が全くあいづちを入れてくれないときに、「聞いている？」と確認したことがありませんか。相手が不安になる前に、あいづちを入れるようにしましょう。

② **オウム返し**

　相手の言ったことをそのまま返す、または最後を疑問形にして返します。たとえば、

　　A　「今週は宿題が多くて、間に合わないんじゃないかと焦っちゃった」
　　B　「そうか、焦っちゃったんだね」

といっように返します。

　最初は、同じことを言ったら間が抜けているのではないかと心配になるかもしれませんが、実際には、話し手は同じ言葉を使われることで、自分の話をじっくりと話を聞いてもらっていると感じ、話しやすくなります。

　ただし、上記の例でBさんが「今週は宿題が多くて、間に合わないんじゃないかと焦っちゃったんだね」と文章全体をオウム返しする

焦っちゃった

焦っちゃった

キーワードをオウム返しに！

と、相手は違和感を覚えます。オウム返しをする際の大切なポイントは、どの言葉がキーワードかを判断し、そのキーワードをそのまま使うことです。キーワードを見つけるには、相手の感情があらわれている言葉に注目します。たとえば、「嬉しかった」「驚いた」「悲しかった」などです。話し手をよく観察して、表情や声のトーンが変わったなどの感情表現を見逃さないようにしましょう。

③ 言い換え

相手の言葉をそのまま返すのではなく、別の言葉に置き換えて返す技法が「言い換え」です。オウム返しと同じく、相手の感情があらわれている言葉を別の言葉で言い換えることがポイントです。たとえば、

A 「学園祭の実行委員会のことで悩んでいるんだ」
B 「困ったことがあるんだね」

というように返すことです。相手の感情や気持ちに耳を傾けて、ちゃんと聞いて理解しているということを自分の言葉で言い換えて伝えます。

さらに、この技法を使うことで、相手の感情を受け止めてから、別の提案をするなど、感情的な軋轢を避けることも可能です。たとえば、

A 「学園祭の予算案だけど、問題あるよね」
B 「どこか見直す必要があるということ?」
　（「問題あるってどういうことかな」と思いながらも、いったん受けとめる）
A 「うん、会場の設置費用が高いと思うんだけど…」

というように話を進めます。「問題がある」という言葉を言われた人は、「どこに問題があるっていうの!」と反論したくなる気持ちを持つかもしれませんが、それを抑えて、「見直す必要がある」と言い換えてみます。この言い換えにより、お互いに感情的にならずに、冷静に問題がある部分について話し合いができる状況へと展開することができるのです。

④ うなずき

積極的に「あなたの話に関心があります」というシグナルを送る方法が、「うなずき」です。うなずくだけで、話し手の発言量が50%増加したという実験結果も報告されています。皆さんも授業中に前に出て発表をしたときに、自分の話にうなずいてくれる友

達がいると、その人ばかり見て話をした経験がありませんか。逆に、誰も反応してくれないと、自分の話に関心がないのではないかと不安になるものです。

　相手の話していることに対して肯定的、好意的であることを伝えたい場合は、相手に見えるように、意識してうなずきの動作を大きくしましょう。

⑤　アイコンタクト

　皆さんは誰かと話をするときに、どれくらいの時間、相手の目を見ていますか？　初対面やまだあまり知らない相手の場合、目を合わせるのが苦手だという人は多いようです。でも、話し手に全くアイコンタクトをしないで話を聞いたらどうなるでしょうか。自分がせっかく楽しい話をしているのに、聞き手が全然目を見ずにいたら、皆さんはどう感じますか？　「私の話に興味がないのだろうか」「私は嫌われている

お願いね！

わかったわ

携帯とのアイコンタクトは不要です

のだろうか」など、不安になるかもしれません。もしかしたら、もう話を続けたくないと思うかもしれません。

　人の目を見ることが苦手な人は、まず、あいづちを打つときに、相手の目を見ましょう。そっぽを向いたままのあいづちでは、相手に気持ちが伝わりません。

　ただし、アイコンタクトもやり過ぎはよくありません。じっと見つめすぎると、話し手に圧迫感を与えてしまう場合もあります。特に、笑顔もなくにらんだような表情では、話し手は話しにくく感じてしまうでしょう。できるだけ柔らかな表情で、2秒見たら1秒視線をはずすくらいのタイミングを試してみてください。

⑥　ミラーリング

　相手がとっている行動に対して、まるで鏡に映したように自分の動作を合わせる方法を「ミラーリング」と言います。相手のしぐさや表情をまねていると、心理的な波長が合ってきます。

　話をしているときに、相手が笑顔であれば自分も笑顔になり、相手が悲しそうな表情をしていれば自分も悲しそうな表情をすることで、相手は「自分のことを理解してもらっている」と感じます。言葉で表現しなくても、表情だけで相手に伝わることは多いのです。友達が楽しそうに話をしているときには、意識をして同じように笑顔で話を聴いてみましょう。きっと相手はいつも以上に多く話してくれます。

　さらに、顔の表情だけではなく、相手が飲み物を飲んだら自分も同じように飲んだり、

相手が脚を組んだら同じように脚を組んだりと、しぐさをミラーリングすることも、相手にとって話しやすい雰囲気を作るのには効果的です。

仲の良い友達と話しているときに、無意識のうちに同じような姿勢や動作をしていたことがありませんか？　話し方や口癖がそっくりになったと周りの人から言われたことはありませんか？　そのような体験があれば、ワークシートに書いてみましょう。

まねっこ！

⑦　**姿勢・態度**

人の話を聴いているときに、自分がどんな姿勢や態度をしているのかを意識したことがありますか？　その話に興味を持って聴いている場合は、話し手に向かって身を乗り出していること人が多いのですが、逆に興味がない場合は、頬杖をついていたり、話し手の方ではなく、斜めの方向を向いていたりします。そのような姿勢は、言葉にしなくても、「あなたの話に興味がありません」というメッセージを発してしまいます。聴くときの姿勢も意識しましょう。

また、話を聴くときのしぐさで、「腕組み」をすることはありませんか？　初対面の相手や、あまり親しくない相手と話をするときに、無意識に腕組みをしている人がいるかもしれません。人は、相手に対して不安を感じると、自然に腕組みをしてしまうことがあります。これは防御や警戒の姿勢なので、それを見た相手も自然に防御や警戒の気持ちを強めてしまいます。その結果、会話はぎこちないままで終わってしまい、話し手から多くの話を聴くことができなくなるかもしれません。相手が話しやすくするために、聴く姿勢や態度にも十分注意しましょう。

腕組みは警戒の姿勢

皆さんは、今までに聞き手の姿勢や態度で嫌な思いをしたことはありますか？　そのときに相手がどのような態度をとっていたのかをワークシートに書いてみましょう。「人のふり見て我がふり直せ」という言葉があります。自分が嫌な思いをしたことを忘れないようにしましょう。

ここで説明した7つの技法は、それぞれを単独で使うのではなく、組み合わせて使うと効果があります。たとえば、「アイコンタクトしながら、あいづちを打つ」「話し手の方に体を向け

て、うなずきながら話を聴く」などです。そっぽを向いたままうなずいても、相手には気持ちが伝わらず、逆に嫌な気持ちにさせてしまうかもしれません。「聴く」ためには、耳だけではなく体全体を使って、相手に聞いていると伝える必要があることを覚えておきましょう。

2-2-3　質問する

　ここまで、「聴く」ための重要な技法について学んできましたが、相手が話していないことは聴くことができません。そのためには、相手に話をしてもらう必要があります。そこで必要なのが、3種類の「きく」の中の「訊く」です。「訊く」とは、こちらから言葉を使って聞き出すことで、答えを求めて問う、英語の〝ask〟です。つまり、「訊く」ためには、「質問する」ことが必要なのです。情報を得るためや、相手の気持ちを引き出すために、どのような内容を、どのような方法で質問すれば効果的なのかを学んでいきましょう。

質問の目的

　皆さんはいつもどのような質問をしていますか？　考えてみると、さまざまな質問が思い浮かぶと思います。ここでは、何のために質問をするのか、質問の目的をまとめてみましょう。

　質問の目的は、「①事実をきく」、「②意見・感情をきく」、「③確認する」に分けられます（図2-13）。たとえば、「今日の会議の目的は何ですか？」「お昼は何を食べた？」「英

> 〈質問の目的〉
> ① 事実をきく
> ② 意見・感情をきく
> ③ 確認する

図2-13　質問の目的

語の宿題はいつまでに提出するんだっけ？」などは、知りたい情報などについて、「事実をきいて」います。次に、「このデザインどう思う？」「あの授業はどんな感じ？」「怒ってる？」などは、相手がどう思っているのか、感じているのかという「意見や感情をきいて」います。そして、「ここまでのまとめは、△△△△△でいいですか？」「君が言いたいのは、○○○ってこと？」などは、自分が理解していることについて「確認して」います。

　質問するというと、情報収集のための「①事実をきく」が中心になると考えがちです。でも相手の立場で考えると、情報収集ばかりされていると嫌になると思いませんか。相手の気持ちをきく、「②意見・感情をきく」ことも大事です。①と②を組み合わせて、相手に気持ち良く、いろいろ話をしてもらうような工夫をしましょう。さらに、聞きっぱなしではなく、聞いた内容をまとめて「③確認する」ことも必要です。

　ところで、質問して相手からの回答を聞いて、反応しているうちに、もともとは何について話していたのかわからなくなってしまうことはありませんか？　以下の会話を見てみましょう。

A　「英語の宿題はいつまでに提出するんだっけ？」

　B　「明日！　あの先生、いつも急に宿題を出すよね」

　A　「そうだよね、あの先生、おかしいよね。前回の授業でも…」

　A君は、最初に「事実」を訊く質問をしましたが、B君は事実だけではなく、すぐに自分の「意見」をつけ足しました。そうするとA君はその答えに反応して、自分の感情を話し始めています。この調子だと、その先生への不満が続きそうです。この例では、聞き手が質問の目的を忘れてしまったために、話がそれてしまって、そのまま別の方向へ進んでいることがわかります。

　相手は、聞き手が期待している通りの回答をしてくれるとは限りません。聞き手は、自分が何のために質問しているのかを忘れずに、話がそれたら、また元に戻すための質問をすることが必要です。

📑　質問技法

　皆さんは、他人から質問をされたときに、「この人の質問は曖昧すぎて答えにくいなぁ」とか、「なんだか取調べをされているような気分だな」などと感じたことはありませんか。質問の仕方によっては、答えにくいと感じる場合があります。自分が質問をされる立場で、答えにくいと感じる質問にはどのようなものがあったかを思い出して、ワークシートに書き出してみましょう。

　「訊くこと」は大事なのですが、「訊き方」によっては、せっかく耳を門のように開いていた人が、その門を閉じてしまうこともあります。そこで、相手が門を閉じずに、耳を傾けて聴いてくれる質問の仕方を学びましょう。

　まず、質問の形式について見ていきます。質問の形式は2種類あります。それぞれ「開かれた質問（open question）」と「閉ざされた質問（closed question）」と呼ばれます。

　開かれた質問は、相手に答えを自由に考えてもらい、答えてもらう質問形式のことです。たとえば、「今日のランチどうする？」といった質問で、尋ねられた相手は、「学校のカフェテリアで食べようよ」と場所を答えたり、「パスタが食べたいな」と内容を答えたり、「しっかり食べたい気分だね」などというように、いろいろな答え方ができます。この形式は、前項で学習した「意見・感情をきく」場合に適しています。

問1：どちらかに〇を付けてください

YES ／ NO

（閉ざされた質問）

問2：感想を自由に書いてください

- - - - - - - - - - - - - - - - - -
- - - - - - - - - - - - - - - - - -
- - - - - - - - - - - - - - - - - -
- - - - - - - - - - - - - - - - - -
- - - - - - - - - - - - - - - - - -

（開かれた質問）

閉ざされた質問は、相手が「はい」「いいえ」、あるいは「何人」「何時」など一言で答えられるような質問形式のことです。たとえば「今日のランチは学校のカフェテリアで食べる？」や「このレポートの締め切りは明日だっけ？」といった質問で、相手の答え方は制限されます。この形式は、前項の「事実をきく」場合や「確認する」場合に適しています。

　では、開かれた質問と閉ざされた質問は、どのように使い分けるといいのでしょうか。開かれた質問には相手が自由な発想で回答することができるので、会話が広がりやすく、さらに、その後の会話の深まりが期待できます。一方、閉ざされた質問には「はい」か「いいえ」あるいは一言で答えることが可能なため、質問する側は得たい情報だけを得ることができます。したがって、どのような回答を期待するのか、さらに会話をどのように展開していきたいのかに応じて、開かれた質問と閉ざされた質問を使い分けましょう。

質問を考える

　質問をするには、まずどのような情報が欲しいのかを考えて、その情報を聞き出すために適切な質問を考えることが必要です。しかし、ふだん自分から質問をすることが少ない人は、どんな質問をすればいいのか思いつかないかもしれません。そんなときに、質問を考えるヒントになるものが、「2-1　会話力」で学習した「5W2H（What、Who、When、Where、Why、How、How much（many））」です。

　5W2Hを使って、「友達が受けようとしている授業についての質問」を考えてみましょう。

- 「科目名は何？」（What）
- 「先生は誰？」（Who）
- 「何時からの授業？」（When）
- 「教室はどこ？」（Where）
- 「なぜその科目を選んだの？」（Why）
- 「その授業ではどのように成績の評価が決まるの？」（How）
- 「その授業は何人くらい履修しているの？」（How many）

　5W2Hを使うことで、友達が受けようとしている授業について、いろいろな質問が考えられました。ここに書かれているのは一例なので、他の質問も考えて、ワークシートに記入してください。質問のバリエーションが広がります。

　ところで、5W2Hの中で、「なぜ（Why）」については、使い方に注意が必要です。「なぜ」という質問に対しては、「なぜならば〜」と理由を答えることになります。そのため、答える側は論理的に考える必要があるので大変です。また、回答について、さらに「なぜ」という質問が続いてしまうことがよくあります。たとえば、

A 「なぜその科目を選んだの？」

B 「社会に出てからも必要となる内容だと思って」

A 「なぜ社会に出てから必要だと思うの？」

B 「コミュニケーション力はどの会社でも必要でしょ」

A 「なぜコミュニケーション力が必要だと思うの？」

B 「え～と…（しつこいな）」

　ちょっと極端な例かもしれませんが、興味を持って、「なぜ、なぜ」と聞きたくなることはよくあります。皆さんの中にも、つい「なぜ」と聞きたくなる人がいるのではないでしょうか。でも聞かれた側は、考えて答えなければならないので、何度もやりとりが続くと疲れてしまい、場合によっては、不快に感じるかもしれません。

　この場合は、可能であれば、「なぜ」を5W2Hの他の質問に言い換えられないかを考えてみましょう。たとえば、「なぜコミュニケーション力が必要だと思うの？」という質問を、「コミュニケーション力は、どのように会社で生かせると思う？」という質問に変えてみると、「なぜならば～」という論理的な答えにこだわらずに、具体的な仕事の場面を想像して、「職場の人たちと仲良くできる」、「かっこよくプレゼンテーションができる」など自由に答えられるので、質問された人は答えやすくなります。

質問を組み合わせる

　「開かれた質問」と「閉ざされた質問」は、そのときの状況や相手の回答などによって、臨機応変に使い分けることが必要です。さらに、それぞれを単独で使うだけではなく組み合わせて使うことで、話の幅を広げたり、より詳細な情報を得たりすることができます。その場合の組み合わせには、以下の4つのパターンが考えられます。

```
＜質問の組み合わせのパターン＞
①閉ざされた質問　→　閉ざされた質問
②開かれた質問　　→　開かれた質問
③閉ざされた質問　→　開かれた質問
④開かれた質問　　→　閉ざされた質問
```

図2-14　質問の組み合わせのパターン

① 閉ざされた質問→閉ざされた質問

　最初から最後まで閉ざされた質問で聞くと、聞かれた側は威圧感や圧迫感を感じます。尋問されている気持ちになるので、注意しましょう。たとえば以下のようなやりとりです。

　　A　「スポーツは好き?」(閉ざされた質問)
　　B　「うん」
　　A　「サッカーは好き?」(閉ざされた質問)
　　B　「いや、サッカーはちょっと」
　　A　「じゃあ、野球は好き?」(閉ざされた質問)
　　B　「うん」

② 開かれた質問→開かれた質問

　堅苦しい会話ではなく、いろいろな話題がでてくる可能性があります。ただし、開かれた質問だけを繰り返していると、明確な結論が出てくることは期待できません。また、あまり知らない同士の会話では、何を答えていいのか迷ってしまい、話がなかなか盛り上がらない可能性もあります。その場合は、後述する④のパターンを参考にして、閉ざされた質問も入れると良いでしょう。以下は、お互いにまだあまり知らない同士のやりとりの例です。

　　A　「休みの日って、どうしてるの?」(開かれた質問)
　　B　「どうって言われてもなぁ」
　　A　「じゃあ、何か好きなことは?」(開かれた質問)
　　B　「そうだな〜、最近は、○○というゲームかな」
　　A　「○○って、どんなゲームなの?」(開かれた質問)
　　B　「登場するキャラクターがおもしろいんだよ」

③ 閉ざされた質問→開かれた質問

　初対面の相手やまだ打ち解けていない相手から話を聞き出すには、最初に閉ざされた質問を使って回答の範囲を狭めることで、答える側が答えやすいようにします。そこから開かれた質問をして、話を広げると相手は話しやすくなります。たとえば以下のようなやりとりになります。

A 「スポーツは好き?」（閉ざされた質問）

B 「うん」

A 「どんなスポーツが好きなの?」（開かれた質問）

B 「野球かな」

A 「へえ、野球のどんなところが好きなの?」（開かれた質問）

B 「自分でやるんじゃなくて、メジャーリーグの試合を見るのが好きなんだ」

④ **開かれた質問→閉ざされた質問**

　　最初は開かれた質問で始めて、会話が進むにしたがって閉ざされた質問で収束させて
いくパターンです。この方法は、聞かれる側も自由に発言ができて、聞く側も聞きたい
情報に絞り込むことができるので、有効な質問の展開方法です。たとえば以下のような
やりとりになります。

A 「休みの日って、どうしてるの?」（開かれた質問）

B 「う～ん、いろいろ出歩いているかな」

A 「へえ、そうなんだ。どんなところに行くの?」（開かれた質問）

B 「まあ、買い物が好きなので、気に入ったお店があるところかな」

A 「じゃあ、渋谷には行く?」（閉ざされた質問）

B 「うん、よく行くよ」

A 「△△ってお店は知ってる?」（閉ざされた質問）

B 「うん、新しいお店でしょ」

　　質問の組み合わせの事例として、テレビ番組のインタビュアーを観察してみましょう。イン
タビューが上手な人は、開かれた質問をして、ゲストにたくさん話をしてもらい、時間がなく
なったり、話がそれてしまったりしたときは、閉ざされた質問で話をまとめるようにしていま
す。逆に悪い例として、開かれた質問だけをしていて、最後まで話がまとまらない場合もあり
ます。インタビュー番組を見たときには、どのような質問をしているのかをワークシートに書
き出してみると参考になります。

質問を使って話を深める

　　初対面の相手やあまり知らない相手との会話では、話題がすぐに尽きてしまい、盛り上がら
ないと困っている人が多くいます。そんな人達は、せっかく相手に質問しても、返ってきた答
えを深く掘り下げずに表面的な会話で終わってしまっていることが多いようです。たとえば、

Ａ　「新しいアルバイトはどう？」
　　Ｂ　「う～ん、いい感じだよ」
　　Ａ　「へえ、そうなんだ」
　　Ｂ　「うん」

というように、これ以上会話が深まりません。そこで、一度の質問で終わりにせず、相手の言葉を受けて、それに対して的確な質問を返すようにしてみましょう。すると、そこから会話は盛り上がり、長く続いていきます。先ほどの続きを見てみましょう。

　　Ａ　「へえ、そうなんだ。どんなところがいい感じなの？」
　　Ｂ　「店長がやさしくて、いろいろ教えてくれるんだ」
　　Ａ　「具体的にどんなことを教えてもらったの？」
　　Ｂ　「お客様への応対の仕方とか…」

　質問をしたら、その回答をしっかりと聴いてキーワードをキャッチし、次の質問へつなげていくようにしましょう。そうすれば、自分がたくさん話題を用意しなくても、質問をするだけで、会話が続いていきます。

◫　質問をすることで人間関係が良くなる

　初対面の相手や、あまり知らない相手との会話でも、質問をすることで会話が広がることは説明しました。ここでは、さらに相手との人間関係が良くなる質問の仕方を見ていきます。
　皆さんはどんな話題のときに、話が止まらないくらい話し続けてしまいますか。そんなに話をし続けることはないと思っている人も、「自信のある話題」「関心がある話題」「話していて心地良い話題」などであればどうですか。サッカーに関心がある人であれば、初対面の相手にでも、自分が好きなチームや選手の話は、時間を忘れて話し続けるのではないでしょうか。
　質問は単に相手から情報を引き出すためだけにするのではなく、相手に気持ち良く話してもらうためにも活用できます。相手にとって「自信のある話題」「関心がある話題」「話していて心地良い話題」などを会話の中から見つけて、見逃さずにその話を続けられるような質問をしましょう。さらに相手の話に共感し、それを伝えてください。結果として相手は皆さんに良い印象を持ち、人間関係も良くなることが期待できます。

話すことの重要性

2-3-1　話すとは

前節では、聞くことの重要性について学習しました。聞き手が傾聴の技法や質問技法を駆使して「聴く・訊く」ことで、多くの情報を収集できることがわかりました。しかし、皆さんはいつも聞き手であるわけではありません。「2-1　会話力」で学んだように、会話をするためには、皆さん一人ひとりが「聞く」と「話す」の両方の能力を身につける必要があります。聞くときだけ努力しても、話し手になったときに言いたいことを伝える努力をしなければ、会話は続かず、会話力を発揮することはできません。

🔲　話す相手

皆さんが日頃話す相手について考えてみましょう。家族、友達、先輩、先生、アルバイト先の上司やお客様、たまたま道を聞かれた知らない人、その他いろいろな人と話をしているでしょう。その中で、話しやすい人と話しにくい人がいると思います。誰でも、話しやすい人や苦手な人がいるものです。ここで、皆さんが話し手の立場となったときに、話しやすい相手と話しにくい相手を頭に思い浮かべてください。なぜ、話しやすいのか、なぜ話しにくいのかという理由も合わせてワークシートに書き出してみましょう。

同じ内容の話でも、相手によって話し方は変わります。たとえばサッカーのルールを説明する場合でも、ある程度サッカーについて知っている人に対してと全く知らない人に対してでは、説明の仕方が変わります。また、相手が小さい子ども達の場合と先生の場合、相手が1人の場合と複数の場合でも、やはり異なってきます。

また、目上の人との会話で、友達同士のような話し方をしたらどうでしょうか？　相手は一所懸命に話を聞いてくれると思いますか？　聞き手との関係に合った言葉遣いをしなければ、話を聞いてもらえない可能性が高くなります。目上の人との会話では敬語を使って話すなど、相手との関係に合わせた話し方をすることが大事です。逆に、仲の良い友達との会話で敬語を使って話すと、よそよそしい感じになり、話が盛り上がらないでしょう。

家族なら他人よりも話しやすいと思いがちですが、家族だからこそ話しにくい場合もあります。相手や内容によって、話しやすさは変わっていくのです。それらは、DiSCのタイプで学んだ対応力を使って解決できることもあります。しかし、それだけでは解決できないことも多々ありますから、話す相手の地位や立場、年齢、人数、話題に関する知識のレベルなどを考慮することが重要です。

聞き手の状況

　同じ人に話す場合でも、相手の状況をよく考える必要があります。急いでいたり、風邪を引いて頭痛がしていたり、悩みがあったり、状況によって人は気分が異なります。

ガンガン　ゴホッ　ゴホッ

今は何も
聞けない!

　ワークシートの2-7に書き出した「聴く」ことができなかった理由を思い出してみてください。皆さんが聴くことができなかった状況は、目の前にいる聞き手の場合も全く同じなのです。話の内容に興味がなかったり、けんかをした後でそもそも話を聞く気になっていなかったりと、聞き手にもいろいろな状況が考えられます。話し手は、それぞれの場合に合わせて、聴いてもらえるような話し方をすることが必要です。その際には、伝えたい内容を表す「言葉」(バーバル表現)だけではなく、伝えたい内容や、その状況にふさわしい「話し方」や「態度」(ノンバーバル表現)にも注意して話すことが求められます。

話し手の状況

　話し手である皆さんの状況も常に同じではありません。感情的になっている場合には、「今」ではなく後日に話したほうがよいかもしれません。また、同じ相手でも、話しやすいときと話しにくいときがありませんか。それは話す内容による場合もあれば、他の人との関係や、家庭や学校の事情など外的な要因に起因することもあります。

　「2-1　会話力」で学んだように、言葉には力があります。たった一言の言葉で、人は勇気づけられたり傷ついたりするものです。皆さんの口から出た言葉がどのような効力を発揮するのかを、時々考えてください。話し手としては、あらゆる状況に対して敏感になり、相手を傷つけず、しかも話す目的が達成できるように心がける必要があります。

　次の項では、話す相手の特徴、話す相手の状況、自分の状況などを念頭に置いて、話す内容について学んでいきましょう。

2-3-2　目的に応じた話し方

　相手に話を聞いてもらうために必要なことは何でしょうか。それは、相手が聞きたい内容を話すことです。それは、どのような場面での会話なのかによって異なります。それぞれの場面で、「何を」「どのように」話せばよいのかを確認していきましょう。

①　説明する

　相手が必要としている情報は何かを考えて、それに合った内容を、正確に、漏れなく、相手にわかりやすい言葉を使って話します。自分が話したい内容にばかり集中することなく、相手の立場で考えて伝えることが大事です。

頭（ビン）の中は
知識や情報でいっぱい
詰まっていても

そのままの形で（伝えたいとおりに）
口から出すのは難しい！

　重要なことは、説明することに関する知識が十分にないと話せないということです。教師やコメンテーターなどベテランの話し手でも、説明しようと思っている内容の1/3以下しか言葉で表現することができないといわれています。ましてプロでない私たちが生半可な知識で話しても、相手に通じないことが多いのは当然です。十分に下調べをして、知識を持って話すように心がけましょう。

②　提案する

　提案する理由、提案内容、その提案のメリットとデメリットなど、相手がその提案を受け入れるかどうかを判断できる材料について話します。提案を受け入れてもらうためには、その提案内容が相手にとって役立つものであることを伝えるようにしましょう。提案では、話し手が夢中になって話しすぎる傾向があります。押し売り的な発言にならないように注意してください。

　皆さんも、友達や家族、もしくはお店の店員さんなどから、意見を押し付けるような話をされて嫌な思いをしたことがありませんか？　そのときの経験をワークシートに記入してください。自分がどう感じたのかを思い出し、相手にそのような思いをさせないように気をつけましょう。

③　依頼する

　依頼したい内容と理由、期限や報酬などの条件について話します。ただし、依頼する相手がよく知っている人の場合と、あまり話したことがない人や目上の人の場合では、依頼の仕方も違ってきます。

よく知っていて信頼関係もできている相手の場合であれば、状況を素直に伝えて、いつまでに何をお願いしたいのかをストレートに話します。日頃から相手の依頼も引き受けている関係であれば、「お互い様」という気持ちがあるので、比較的スムーズに話が進むでしょう。

　しかし、あまり話したことがない人や目上の人に何かを依頼することは、少しハードルが高くなります。依頼することを躊躇してしまうかもしれません。しかし、自分1人で何でもできるわけではありませんから、そのような人たちに何かをお願いしなければならない場面は必ずあります。その際には、まず相手の状況を確認しましょう。忙しいときにいきなり頼みごとをされると困るかもしれませんから、気遣いが必要です。相手に一言、「今、よろしいでしょうか?」など確認をしてから話し始めましょう。お願いしたい内容を要領よく伝えるために、事前に話す内容を整理して簡潔に話をすることも大事です。必要に応じて、紙に要点をまとめておくのも良い方法です。引き受けてもらったときには感謝の気持ちも忘れずに伝えましょう。

④　**相手の意見に対して、賛成か反対かを述べる**

　相手の意見について、賛成なのか反対なのか、自分の考えを明確に示し、その理由についても話します。特に反対の場合、曖昧な言葉でその場しのぎをしたくなりますが、後で問題になることがあるので注意してください。

　グループ討議の場でも、自分は反対意見を持っているのに、周りの多くが賛成しているので言い出しにくくて、そのまま流されてしまう人がいるのではないでしょうか。しかし、多数決が必ずしも正しい結果に結びつくとは限りません。少数意見の中に、違った視点からの良い指摘が入っていることもあります。後になって、「自分は実は反対だった」と言っても意味がありません。少数意見だと勇気がいるかもしれませんが、その場で口に出すようにしましょう。

⑤　**説得する**

　自分の意見と相手の意見が異なる場合、自分の意見の方がより良いという理由ばかりを話すことは避けましょう。もう一度、その会話の目的が何であるのか、その目的を達成するためには何が重要なのかを確認した上で、お互いの意見の相違点と共通点を明らかにします。そこから、共通の目的に向けてそれぞれの意見を調整するためのアイディアを出し合い、共通見解を作り上げていきましょう。

⑥　**気持ちを伝える**

　感謝の気持ちは、何かをしてもらったらすぐにその場で、言葉にして伝えましょう。「ど

うも」だけで終わりにする人がいますが、きちんと「ありがとう」と笑顔で伝えましょう。

怒りの感情は、いきなり爆発させないように、一度深呼吸をして落ち着いてから、何に対して怒っているのか、自分はどうしたいのかという気持ちを伝えましょう。

謝罪の場合は、まず相手が怒っている理由などを聞いて、気持ちや状況を理解した上で、自分に非があるときには素直に「ごめんなさい」と謝罪の言葉を伝えます。説明したい事情などがある場合は、謝罪の言葉を伝えた後に簡潔に話しましょう。

ここで紹介した、感謝、怒り、謝罪の気持ち以外に、気持ちを伝えたい場面にはどのようなものがありますか？　思いつくものをワークシートに書き出してみましょう。自分の気持ちを伝えることで、お互いにわかり合えることは多いものです。表面的な会話だけではなく、気持ちをうまく言葉にする練習もしましょう。

⑦　**話さない**

会話では、話してはいけないことに触れることがあります。たとえば成績や病気の話など、黙るべき場合があります。この場合、流れにまかせて会話に入るのではなく、黙る、または話を別の方向にもっていく、などの心遣いが必要です。皆さんは、会話の中で誰かの悪口が出たときに、それに乗って悪口を言ってしまったことはありませんか？本当はそう思っていなくても、その場の雰囲気でつい同調してしまう場合もあるかもしれません。それがお互いに刺激となり、より過激な悪口へと進んでしまうこともあり得ます。このような場合は、適当に話を合わせるのではなく、黙ることも必要なのです。

また、タイミングによって、今は話さないけれど、後で話すということもあります。たとえば感情的な内容は一晩おいてから話すようにしましょう。

「①説明する」と「②提案する」は、友達同士やグループ討議の場でもよくある場面ですが、プレゼンテーションの形式で行うことも多くあります。プレゼンテーションにおける話し方については、第3章で学習します。

2-3-3　聞き手に伝わる話し方

日本人は昔から、多くを語らず察することでお互いを理解するようなコミュニケーションをとってきたため、一から十までしっかりと伝えるということを重視しない傾向があります。

よくある思い込みとして、「全部説明しなくても、相手は理解してくれるだろう」「自分が知っていることは、相手も知っているだろう」といったことが挙げられます。皆さんはどうですか？仲の良い友達同士では、確かに、「昨日のあの番組おもしろかったね」「ああ、あれね。本当におもしろかった」といったやりとりのように、「あれ」や「それ」で通じてしまうかもしれま

せん。でもこれから社会に出ると、いろいろな年代、立場の人と会話をしていくことになりますから、自分の考えていることを明確に、わかりやすく話をすることが求められます。聞き手に伝わる話し方のポイントを、以下にまとめます。

① **結論が先か、経緯が先かを判断する**

　　聞き手に伝えたいことを早く理解してもらうためには、まず結論を話しましょう。前置きを長々と話さず、「結論は、〇〇です。なぜかというと、△△△△だからです。」というような伝え方をすると、聞き手はすぐに相手の言いたい内容を把握することができて安心します。自分が話したい順番ではなく、聞き手にとってわかりやすい順番で話すことが大事です。

　　ただし、聞き手がその結論に対して反対意見を持っていることがわかっている場合には、結論から話すのは危険です。聞き手は最初から耳を塞ぐことになります。こうした場合には、経緯から話したほうが話を聞いてくれるものです。

　　結論が先（結論先行型）か、経緯が先（結論後置き型）かは、相手によっても違ってきます。ここでは、第1章で学習したDiSC理論が参考になります。Dの要素が高い人には、早く結論を聞きたいと考える人が多く、一所懸命に経緯を説明していると、「で、結論は何？　何が言いたいの？」と言われることがあります。一方、Cの要素が高い人は、順序立てて話をしてほしいと考える人が多く、いきなり結論だけ伝えると、「なぜ、そう言えるの？　根拠は何？」といった質問をされます。

　　聞き手がどのような人なのかを判断した上で、相手にわかりやすく、受け入れてもらいやすいストーリー展開を考えて話すようにしましょう。

② **事実を話すときには、具体的な数字や事例を入れる**

　　事実を説明するときには、抽象的な表現ではなく、可能な限り具体的な数字や事例を使いましょう。たとえば、「昨年のオープンキャンパスには、人が大勢来てにぎやかだった」と言う場合、「大勢」とはどれくらいか、人によって受け取り方が違います。「100人？」「1000人？」「1万人？」とそれぞれの感覚で考えます。過去の来場者数を知っている人なら、大体の予測がつくかもしれませんが、誰もが同じ情報を持っているわけではありません。それに対して、具体的な数字を使って「1000人ぐらい来た」と言えば、誰が聞いても同じ状況を理解することができます。

③ **聞き手がわかりやすい言葉を使って話す**

　　皆さんは、友達と話すときにどんな言葉を使っていますか。たとえば、「マジだるい」「超ムカツク」「ガチでやベー」などという表現をしていませんか。友達同士での会話で

したら問題はないかもしれません。でもこれらの「若者言葉」は一種の専門用語ですから、社会に出たときには通用しません。どんな世代にもわかる言葉を使って話せるようにしておきましょう。いつも使っている言葉はつい口から出てしまいますから、注意する必要があります。

　いつも自分が使っている言葉、もしくは周りの友達が使っている言葉で、若者言葉だと思うものをワークシートに書き出してください。そして、まずは1日だけ、ワークシートに書き出した言葉を使わずに友達や家族と会話をしてみましょう。それを1週間、1か月と長くしていけば、自然と若者言葉を使わない会話が身についていきます。

　これは難しい専門用語においても同じです。自分が学んでいる分野の専門用語は、その分野に詳しくない人には通じない可能性があります。自分が知っているからといって、相手も同じように理解できるとは限りません。専門家同士の会話のときには問題ありませんが、一般的な会話においては、専門用語はできるだけわかりやすい言葉に置き換えて使いましょう。重要なことは、相手がわかる言葉で、相手にわかりやすい話し方をすることです。

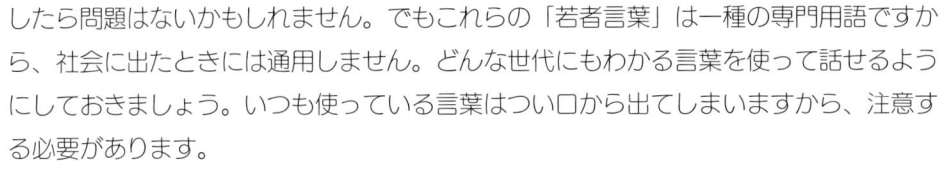

コラム：きれいな日本語を話そう

　言葉は時代と共に変化します。以前は間違っているといわれていた表現も、広く使われるようになると、それが一般的な言葉として定着します。カタカナ言葉や省略した表現も、良くないと思われていましたが、「インターネット」「コンビニ」など新しいものが誕生すれば、それを表すために必要なものとして受け入れられていきます。

　しかし、最近の若者が使う言葉には、必要だからという理由ではなく、「おもしろいから」「目立ちたいから」といった理由で、わざと良くない表現をしているものがあります。たとえば「やばい」という言葉です。これは「危ない」「悪事が見つかりそう」など不都合な状況を意味する言葉として、江戸時代から盗人や香具師などの間で使われた隠語でした。それを若者が「怪しい」「格好悪い」などの意味で使うようになり、さらに最近では「凄い」という肯定的な意味でも使っています。しかし、この表現はきれいな日本語でしょうか？　周りが使っているからといって流されるのではなく、その場にふさわしい、きれいな日本語を話すようにしましょう。

　古代から日本には、「言霊」という考えがあります。これは、言葉に宿ると信じられる不思議な力のことです。自分が発した言葉が力を持つのであれば、良い力を持つ、きれいな言葉を使うようにするべきだと思いませんか。

2-3-4　雑談力

🔲 雑談とは

　皆さんは、雑談は得意ですか？　そもそも雑談とは何でしょうか。「雑な話？」もちろん違います。辞書では、「さまざまのことを気楽に話し合うこと。またその話。世間話。」と説明されています。何でも気楽に話し合えばいいのですから、難しくはなさそうです。友達とはいつも雑談をしているのではないでしょうか。そうです、気楽な相手とであれば、雑談は難しくありません。ところが、相手が初対面の人やあまり知らない人となると、途端に難しく感じる人が多くなります。

　授業の中で、初めて会うメンバーでグループ作業をすることになった場合を考えてみましょう。まずお互いを知り合うために、自己紹介をします。その後はどうですか？　自己紹介が終わってしまうと、沈黙が続いているグループが多いのではないでしょうか。

　そんなときに、たとえば先生から「それぞれの地元のお勧めポイントを紹介してください」、とか「お正月の過ごし方を紹介してください」など話すテーマを決められると、急に話が盛り上がったりしませんか？　初対面だと相手のことを知らないので、共通の話題が見つけられず困ってしまうのです。このように自分から話題を見つけて雑談することは、学生に限らず社会人でも難しいことです。

🔲 雑談の効果と雑談力

　雑談は話題を見つけるのが大変だし、時間も無駄になるので必要ないのではないかと考える人がいるかもしれません。もちろん本題に入らず、ずっと雑談ばかりしているのは良くありません。雑談に時間をとられてしまうというデメリットはあります。しかし、雑談をすることには意味があるのです。「2-1　会話力」で紹介した「場」の力を思い出してください。「同じときに同じ場にいる」ということが「フェイス　to　フェイス」の重要な要素です。せっかくその場に一緒にいるのであれば、同じ空気を吸って、そのとき感じたことなどを話すことで気持ちを共有し、気持ちの温度差をなくすことから始めましょう。

　雑談から発想が広がり、良いアイディアが生まれることもあります。また、雑談を通して、グループ内でお互いのことを理解できるようになり、人間関係も良くなることが期待できます。その結果、グループ討議においても、意見を言いやすくなったり、相手の話を聴こうと考えるようになったりします。特に反対の意見などは、知らない同士だと遠慮して言えないという人もいますが、信頼関係ができていれば、素直に自分の考えを伝えることができます。そうして討議が活発になり、さまざまな意見が出てくることが、良い成果につながります。このような「雑談の効果」は、ビジネスの世界でも注目されています。雑談を活用して信頼関係を構築で

きる、「雑談力」も身につけていきましょう。

雑談力を身につけるには

「さあ、雑談をしてください」と言われたら、何を話しますか？　自分から話題を探そうとすると、なかなか話題が見つからないという人は多いものです。そこで、話題を見つけて、広げるためのヒントを紹介します。

① **天気や季節の話題から広げる**

誰にでも共通した話題を見つけるのは難しいですが、天気や季節の話題なら、皆が参加できます。天気の話題は定番だといえます。とは言っても、「今日はいい天気だね」「そうだね」だけでは話が広がりません。そこから、その日の天気に関連して相手に何か質問してみましょう。

② **自分の気持ちを伝える**

天気の話から少し話題が広がり、話しやすい雰囲気ができてきたら、お互いの共通点を探してみましょう。ここでも質問を活用できますが、いきなり質問するのではなく、まず自分の経験したことと、そのときの気持ちを伝えるといいでしょう。

③ **相手に興味を持つ**

雑談においても、一番大事なことは、自分のことばかり話をするのではなく相手の話をきく（聴く・訊く）ことです。相手が話していることをよく「聴いて」、そこからさらに話題を見つけて「訊き」ましょう。自分の趣味と相手の趣味が違っていても、まず興味を持って聴いてみて下さい。

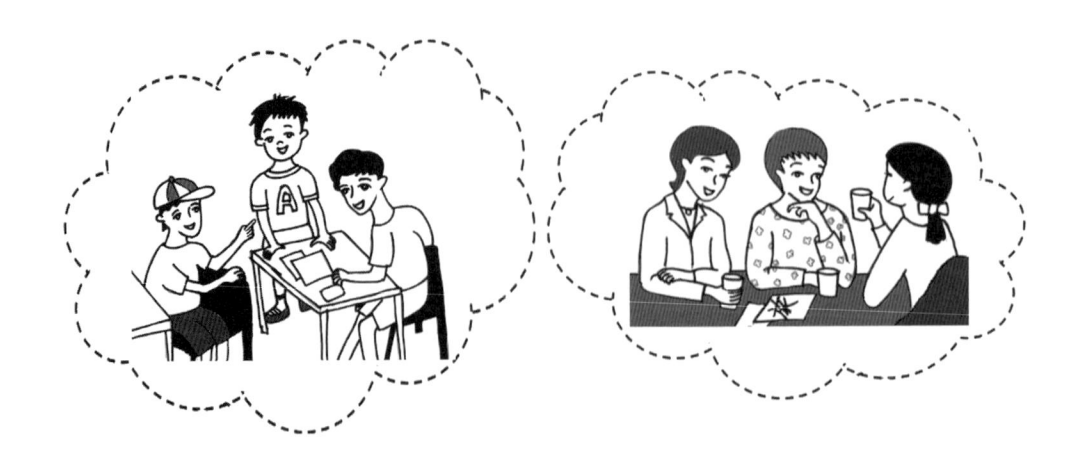

2-3-5 チーム活動の演習事例2

　第1章で紹介したアクティブ学園のオープンキャンパス実行委員会に所属する学生6名は、「オープンキャンパスを成功させるために、学生スタッフの熱意を引き出す」という課題に向けて、チーム活動を進めています。皆さんもメンバーの一員になったつもりで、この章で学んだことを生かして、チーム活動を円滑に進める方法を一緒に考えていきましょう。

① 話し合いのスタート

　メンバーの6名は知らない同士なので、会議室に集まっても沈黙が続き、雑談も盛り上がらない状況です。誰も率先して話をしません。皆さんは、こんなときにどんな話題できっかけを作りますか？　ワークシートに書き出してみましょう。

② 相手の意見をきく

　雑談でチームの雰囲気も良くなり、いよいよオープンキャンパスの進め方についての話し合いが始まりました。まず、積極的な赤谷君が自分の意見を述べ始めました。

　あなたはメンバーとしてどのような態度で話を聴きますか？　ワークシートに書き出してみましょう。

③ 相手の意見に対して賛成か、反対かを述べる

　赤谷君が、「学生スタッフの熱意を引き出すために、頑張ったスタッフを表彰する仕組みを作ろう」という意見を出しました。あなたは、この意見に賛成ですか？　それとも反対ですか？　自分の考えをどのように伝えるのが効果的か、実際にセリフを考えて、ワークシートに書いてください。

④ 質問をする

　昨年のオープンキャンパスでは、第1章の事例で紹介したように協力する学生を人事部が募集しましたが、70名程度しか集まらず、先生が学生に依頼して集めるという事態になりました。その結果、遅刻したり、途中でいなくなったり、まじめに仕事をしない学生が出てきたため、各所でトラブルが起きてしまいました。

　この状況をもっと詳しく理解するために、昨年の実行委員会のメンバーにインタビューを実施しました。青山君が代表して先輩に質問しています。でも、先輩は答えにくそうです。2人の会話を見て、青山君の質問の仕方で良くないと思うことをワークシートに書き出してください。またどのような質問の仕方をすれば効果的かを考えて、具体例を記入してください。

青山君　「学生スタッフがちゃんと仕事をしなくて、たくさんトラブルが起きたんですか？」

先輩　　「うん、そうだね」

青山君　「何件くらいあったのですか？」

先輩　　「具体的な件数はわからないけど、あっちこっちで、来場者からクレームがあったんだ。」

青山君　「クレームは、来場者が受付に言いに来たのですか？」

先輩　　「一部はそうだけど。それぞれの場所でも直接言われたみたいだけど…」

青山君　「じゃあ、クレーム全体の件数はわからないということですか？」

先輩　　「まあ、そうなるかな。」

青山君　「クレーム対応のマニュアルは作ってなかったのですか？」

先輩　　「うん。そこまではちょっと…」

⑤　メンバー間でのトラブルに対応する

　話し合いが進んでくると、さまざまな理由で言い争いが起こることがあります。この実行委員会内でも、茶沢君と赤谷君とが、以下のやりとりで気まずい雰囲気になりました。

茶沢君　「赤谷君が作ってきた「学生スタッフの役割分担表」だけど、わかりにくいから作り直してよ」

赤谷君　「わかりにくいってなんだよ！」

茶沢君　「だってわかりにくいだろ。もっとちゃんと作ってよ。」

赤谷君　「ちゃんと作ってるよ！」

　この会話における問題点は何だと思いますか？　誰の、どの言い方が良くないのかをワークシートに記入してください。問題点は１つだけとは限りません。いくつか考えてみましょう。さらに、どのように話をすれば建設的な会話になるのかを考えて、同じくワークシートに記入しましょう。その際には話し方と聞き方の両面で考えてみましょう。

　ときにはぶつかり合いながらも、オープンキャンパス実行委員会の６名は、「オープンキャンパスを成功させるために、学生スタッフの熱意を引き出す」ためのアイディアをまとめることができました。そこで、学生スタッフを対象とした説明会を開催し、ここでまとめた内容をプレゼンテーションすることにしました。

　続いて、プレゼンテーションを成功させるために必要なことについて、第３章で学んでいきましょう。

第2章をふりかえって

会話力

- ・会話には情報伝達だけでなく、相手を理解し信頼感を得るような力がある
- ・「コミュニケーションの3要素」は、「言葉」「話し方」「表情や態度」
- ・バーバル表現よりもノンバーバル表現のほうが真意を伝える
- ・道具を介した会話では、「コミュニケーションの3要素」の何かが欠ける
- ・会話の基本は「フェイス to フェイス」
- ・「フェイス to フェイス」＝「コミュニケーションの3要素」＋「場」

聞くことの重要性

- ・「きく」には「聞く」「聴く」「訊く」の3種類がある
- ・「傾聴」とは、相手の言葉だけではなく、背後にある考えや気持ちを理解することである
- ・傾聴の技法を活用することで、話し手はより多くのことを語ってくれる
- ・質問には、「開かれた質問」と「閉ざされた質問」があり、それを組み合わせて使うと効果的である
- ・良い質問をすると、人間関係も良くなる

話すことの重要性

- ・相手が誰か、どんな状況かを考えて話す必要がある
- ・目的に応じた話し方をすることが大事である
- ・聞き手に伝えるためには、どのような順番で伝えるかを考え、事実を具体的に、わかりやすい言葉で話す
- ・雑談は、相手を理解し、信頼関係の構築へつなげるきっかけとなる

発表力

この章で**学ぶこと**

　　基本的なコミュニケーション力である「会話力」を身につけたら、次の段階は「発表力」です。会話力で学んだ「話す」という行為との違いは、「発表」には明確な目的があり、必ず聞き手という相手がいるということです。したがって、聞き手は誰でもいいのではありません。目的に合った相手がいます。

　　また、会話では話し手が聞き手になったり、聞き手が話し手になったりと、交互に話し手が変わることがありますが、発表では話し手はずっと話し手のまま、聞き手は最後まで聞き手です。発表者として必要な技法を、この章で学びます。

この章の**ポイント**

●発表するとは

　　大きな概念でいうと、発表の中には「単なる発表」と「プレゼンテーション」とがあります。それぞれ共通点も多々ありますが、相違点もあります。この章では、主にプレゼンテーションについて、手順や手法、留意点を学習します。聞き手が「聞いて良かった」と思えるようなプレゼンテーション実施までのステップを理解し、手法を学習します。

●チーム活動の成果を伝える

　　発表には、個人で行う発表とチームで行う発表があります。ここでは、チーム活動の成果の発表に特化して、技法を学んでいきます。

この章を**終えると**

●発表するとは何かを述べることができる
●プレゼンテーションの手法を身につけ実施できる
●チーム活動で必要なプレゼンテーションをすることができる
●ポスターセッションでチーム活動の成果を発表できる

　　※この章では、プレゼンテーションソフトはMicrosoftのPowerPointを使用することを前提として説明しています。他のソフトを使う場合も基本的なことは同じですので、置き換えて読んでください。

発表するとは

3-1-1　発表とプレゼンテーション

発表という言葉

「発表」という言葉から、皆さんは何をイメージしますか。多くの人が「プレゼンテーション」を思い浮かべるのではないでしょうか。それでは両方は同じですか？　どこかに違いがあるのでしょうか？「発表よりプレゼンのほうがカッコいい」と答える人もいますが、それは答えにはなりません。

「発表」とは文字どおり、「情報を**発**して公共の場に**表**す」ことで、「今まで存在しなかった

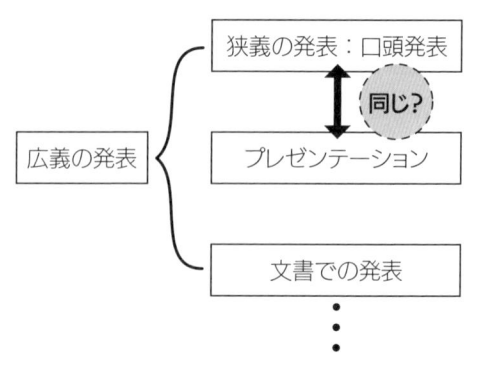

図3-1　発表とプレゼンテーション

物や事柄、あるいは多くの人が知らなかった物や事柄を、広く一般に知らせる」という意味です。発表する方法は、口頭や文書だけでなく、テレビやラジオ、インターネットなど多種多様です。

「プレゼンテーション」も同様に、情報を発して公共の場に表すことなので、「口頭による発表＝プレゼンテーション」と考えるのは当然かもしれません。しかし、何か違いがありそうです。実例から考えてみましょう。

先輩が「来週は学会で論文を発表する」と言った場合、そのまま「プレゼンテーション」という言葉に置き換えることができますから、「発表＝プレゼンテーション」と考えることができます。しかし、皆さんが好きな有名人が「婚約を発表した」という場合は、プレゼンテーションという言葉に置き換えることはできません。他にも「新製品の発表」や「合格発表」など、「プレゼンテーション」に置き換えることができない「発表」があるでしょう。置き換えられないということが、「＝」ではないというヒントになります。ここで、プレゼンテーションという言葉に置き換えることができない例を、ワークシートに書いておきましょう。

プレゼンテーションとは

プレゼンテーションという言葉は、今では「プレゼン」と省略して使用するほど一般化していますが、新しい言葉です。日本では1970年代にビジネスの世界、特に営業活動で使用さ

れました。プレゼンテーションという新しい言葉が一般化するということは、発表という言葉では表現できない何かがあるからなのです。それはいったい何なのでしょうか。

　ヒントは「1970年代」「ビジネス」「営業活動」にあります。バブルが始まる前、景気がだんだん良くなり、経済活動が盛んになってきた時代です。多くの人々が物を買い始め、たくさんの物が売れました。「物の売買」というと、食品や洋服などが頭に浮かぶかもしれませんが、それだけではありません。この時代には、目に見えない物、それまでお金を出して買うとは思われていなかった物もたくさん出てきたのです。たとえば広告費などがその例です。

　広告宣伝の重要性は理解していても、テレビに広告を出すとなると、当時でも何千万円ものお金がかかるのですから、会社としては「はたしてそれだけのお金を出してよいものか」「その分を人件費に出費したほうがよいのか」と苦悩したに違いありません。他にも、コンピュータの新しい技術やデータ管理など、目に見えないけれど莫大なお金がかかる物が多々ありました。

　広告会社の営業担当者は、ただ「わが社に広告をお任せください」と言うだけでは契約をすることはできません。なぜ広告が必要なのか、我が社ならどんな良い広告が作れるか、どれだけ聞き手の会社の売上が伸びるか、その裏づけのデータは…等々、聞き手の会社に対して丁寧に説明する必要があります。聞き手が納得するような説明ができなければ、契約はできません。わけのわからないことには誰もお金を払わないからです。こうした説明は、明らかに発表とは異なる「説得活動」なのです。

　「発表」は、何かを聞き手に説明し知らせたらそれで終わり、つまり「出力」することです。目的は聞き手に理解してもらうことですが、理解されなくても発表はすみます。それに対してプレゼンテーションは、出力だけでは終わりません。出力した結果、「聞き手を動かすこと」が目的になります。そのためには、聞き手が理解し、納得する必要があります。

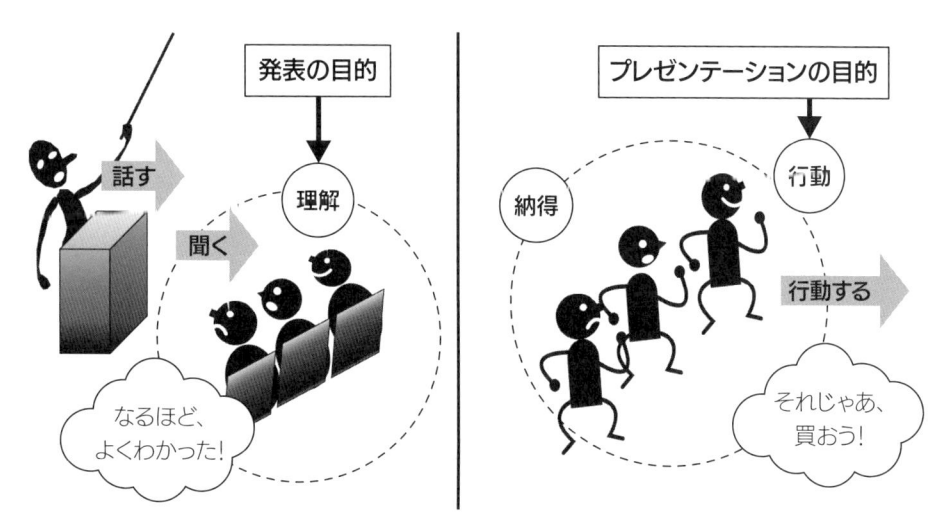

図3-2　目的の相違

先の例の有名人の婚約発表では、皆さんが「いやだ」「ダメだ」と言っても関係なく発表は終わります。しかし広告会社の例では、そうはいきません。聞き手が「いやだ」と言ったら広告の契約を取ることはできませんから、プレゼンテーションは失敗です。この場合、いかにすばらしい映像を使ってわかりやすい説明をするかではなく、契約をしてくれるかどうかのほうが重要なのです。それがプレゼンテーションと発表の違いです。

▣ 説得活動

プレゼンテーションは、聞き手の行動を促すための説得活動であることが理解できましたか？「理解はできたけれど、説得なんて強引に何かを売りつけるみたい」と悪い印象を持った人もいるかもしれません。しかし本来、説得とは「相手にとって良いと思うことを勧める」ことです。

皆さんは、学校の近くに安くて美味しいお店を見つけたらどうしますか。きっと友人に「あそこ、行ってごらんよ」と勧めるのではありませんか。素敵な景色が見える場所、格安航空券の買い方、美味しいお肉の焼き方、ダイエットに効果がある体操…自分で良かったことは、きっと相手にも良いと思って勧めることでしょう。それが説得です。皆さんも、友人や家族に説得したことを思い出してみましょう。

おいしいから行ってごらん

お店の人に頼まれたわけではないのに勧めるのは、誰のためですか？　そう、相手のためです。それは自分にとって良かったから、相手にも「味わってほしい」「見てほしい」「行ってほしい」という気持ちから出てくる行為です。その良さを理解してほしいと思うから、わかりやすく話し、ときには場所を示す地図や写真、電話番号など裏づけの情報も提示する必要があります。

説明した後に相手が「ありがとう！」と言ってくれたら、自分も嬉しくなります。さらに勧めたとおりに行ったり見たりして「教えてくれて良かった」と感謝されたら、つまり自分の説明で相手が行動してくれたら、その喜びは倍増するに違いありません。それが説得です。その説得のひとつの方法がプレゼンテーションなのです。

これでプレゼンテーションの意味が明確になったと思います。そして、プレゼンテーションのキーワードは、図3-2に示すように、聞き手の「理解」「納得」「行動」です。

3-1-2　プレゼンテーションの準備

　プレゼンテーションでは、思いつきや行き当たりばったりで話すわけにはいきません。特に普段からおしゃべり好きな人は「なんとかなるさ」という軽い気持ちでプレゼンテーションに臨むことがありますが、聞き手にとっては迷惑なことです。一所懸命に耳を傾けてくれたのに、なんだかわからない内容だったら、聞き手に対して大変失礼なことだとは思いませんか。たとえ授業中のプレゼンテーションであっても、聞き手の時間を拘束し、耳を傾けてもらうのですから、きちんとした準備が必要です。たった5分であっても、聞き手が「あぁ、この話を聞けて良かった！」と思ってくれるようなプレゼンテーションをするためには、次のようなステップを踏んで準備するのが近道です。何事も「急がば回れ」のことわざ通り手順が大切です。

① 聞き手の分析
② 目的の明確化
③ ストーリーの組立て
④ 資料の作成
⑤ リハーサル
⑥ 本番プレゼンテーション

　ここから、アクティブ学園のオープンキャンパスの事例を念頭に、この手順を追っていきます。もう一度、第1章で説明した活動予定を図3-3に示しました。4月に活動内容をまとめたら、担当の学生部長の先生に内容を説明して、承認してもらわなければなりません。5月の募集開始に当たっては、予算や教室の使用許可などを庶務課長に説明する必要があります。そして6月から、集まった学生スタッフに説明会を実施します。プレゼンテーションが必要な場はたくさんありそうです。

```
〈活動予定〉
4月下旬　　：活動内容をまとめる
5月中旬　　：学生スタッフ募集開始
6月中旬〜　：学生スタッフを対象に説明会を実施
7月16日　　：最終確認
7月17日　　：オープンキャンパス当日
```

図3-3　実行委員会活動計画

聞き手の分析

　プレゼンテーションする内容は同じでも、聞き手によって話し方が変わります。先生や庶務課長には丁寧な言葉で話す必要がありますし、下級生にはラフな話し方にするのは、日常生活でも同じことです。

　また、テーマであるオープンキャンパスについての情報は、学生部長の先生や庶務課長には不要ですが、学生スタッフには丁寧に話す必要があります。具体例やエピソードなども相手によって異なってきます。一般的なプレゼンテーションでも、聞き手について、可能な限り以下のことを下調べしておくとよいでしょう。

- テーマについての知識や関心度
- 人数
- 地位や職業
- 年齢や男女比

目的の明確化

　もう一度思い出してください。プレゼンテーションは、「聞き手を動かす説得活動」です。プレゼンテーションが終わった後に聞き手にどう動いてもらいたいのか、それが目的になります。

　実行委員会のプレゼンテーションでは、学生部長の先生には「承認してもらうこと」、庶務課長には「教室使用許可をしてもらうこと」、学生スタッフには「準備から当日の役割を果たすまでを、失敗なく実行してもらうこと」が目的になります。

　どんなプレゼンテーションでも、目的を明確にすることは重要です。目的が曖昧なプレゼンテーションでは、何がテーマなのかわからなかったり、体験談を話したまま横道にそれてしまったり、聞き手にとって時間の無駄になることが多いものです。

　また、目的はあれこれとたくさん設定するのではなく、1つに絞ることをお勧めします。「二兎を追う者は一兎をも得ず」のことわざ通り、欲張ると説得力が弱くなります。複数の目的が必要な場合には、優先順位をつけておくとよいでしょう。

ストーリーの組立て

　ストーリーの組立てといわれると、話す中身、つまり本題をどのような順番にするかという点に注目しがちですが、この段階で最初と最後の挨拶を組み込みましょう（図3-4、図3-5）。

　ストーリーの組立ては、コース料理にたとえることができます。料理人はメインディッシュを決めるときに、それに合うオードブルやデザートも一緒に考えます。オードブルは最初の挨

挨、デザートは最後の挨拶だと思うとわかりやすいでしょう。挨拶は非常に短い時間ですが、ここで計画に入れておかないと、時間に追われて挨拶ぬきになる可能性があります。

　もうひとつ、ストーリーの組立てで重要なことがあります。それは、結論を先にもっていくか後にもっていくかということです。「第2章　会話力」の「聞き手に伝わる話し方」で、結論と経緯のどちらを先に話すかということに触れましたが、プレゼンテーションでも同じことがいえます。短い時間で趣旨を伝えたい場合や聞き手が趣旨に賛同している場合は、「結論先行型」が適切です。しかし、聞き手が結論に対して反対意見を持っているときには、多少時間がかかりますが「結論後置き型」のほうが効果的です。

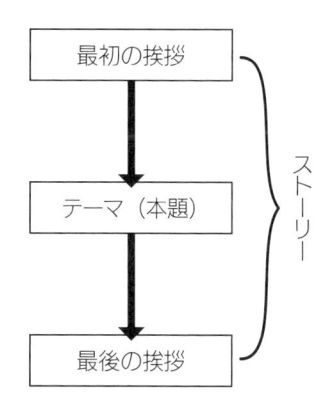

図3-4　挨拶もストーリーの一部

　たとえば、ゴミ捨て場は誰でも自分の家の近くには置きたくありません。市役所の人が「3丁目の角にゴミ捨て場を置きます！」と結論を先に言ったら、3丁目の住民は「反対！」と思って、説明の続きには耳を塞いでしまいます。しかし、ゴミ捨て場の必要性から順を追って丁寧に説明し、最後に「3丁目の角を予定していますが、近隣の方々には市民税の控除を考えています」と話したら、耳を傾けてくれる人もいるでしょう。

　とはいえ、皆さんが学校やサークルで行うプレゼンテーションは、通常10～20分程度の短い場合が多いと思います。また、反対意見の人々を説得するためのプレゼンテーションはめったにないことだと思います。したがって、皆さんは結論先行型を念頭にストーリーを組み立ててください。社会に出て難しいプレゼンテーションを任されたときには、結論後置き型も思い出してください。ストーリーの順番で、聞き手の耳が開いたり閉まったりすることを覚えておきましょう。

あなたが先生だったら、どちらが感じ良いと思いますか？

おはようございます。3年B組、オープンキャンパス実行委員の赤谷です。
今日は委員の皆で考えた活動内容を報告させていただきます。よろしくお願いします。

あのぉ～、これ、活動内容ですけど、見てもらえますか。
あっ、これってぇ、皆で考えたんです。

図3-5　挨拶の効果

資料の作成

ストーリーの組立てが終わったら、次は資料の作成です。資料には、聞き手の手元に配布する「配布資料」と、プレゼンターが話しながら示す「提示資料」の2種類があります。それぞれ役割が異なるので、両方準備することをお勧めします（図3-6）。

> **〈配布資料の役割〉**
> ・提示資料を書き写す必要がない
> ・聞き手に安心感を与える
> ・詳細資料や多量の情報を記録できる
> ・誤解や誤読を防ぐ
> ・保管できるので、後で見返せる
>
> **〈提示資料の役割〉**
> ・内容の理解を助ける
> ・聞き手を集中させる
> ・アイコンタクトをとりやすい
> ・聞き手の反応がわかりやすい
> ・眠気防止になる

図3-6　資料の役割

最近、提示資料のスライドをそのまま縮小コピーして配布資料にする場合がよくあります。確かに簡単で資料作成の時間短縮になりますが、逆効果になることもありますので注意が必要です。縮小したために文字がつぶれて見えなかったり、モノクロ印刷のためにグラフの意味が不明確になったりします。理解の補助になるべき資料が見えづらくて役に立たなかったら、聞き手は不愉快になることでしょう。それでは「人を動かす」という目的は達成できません。

　資料を作成する前には、必ずするべきことがあります。それはドラフトを作成することです。ドラフト記入用紙をワークシートに載せておきましたので、参考にしてください。慣れてくると面倒だと省略する人がいますが、図3-7のような効果のある大切な工程です。ぜひ実施してください。

> **〈ドラフト記入用紙の効果〉**
> ・作成したストーリーを見直すことができる
> ・重要項目を強調できる
> ・重複を避けることができる
> ・スライド枚数を適切な数に抑えることができる
> ・ストーリーの全体像が頭に入り、整理できる

図3-7　ドラフト記入用紙の効果

提示資料は、通常PowerPointなどのプレゼンテーション・ソフトを使って作成しますが、必須ではありません。黒板や模造紙などを利用して提示資料にすることもあります。また、環

境によってPowerPointを使用できない場合もあります。設備がなかったり、機械が故障したり、停電で電源が確保できないようなこともありえます。頭の中にストーリーが入っていて、目的が明確になっていれば、どんなときにもプレゼンテーションはできるはずです。PowerPointに頼り過ぎないようにしましょう。図3-8に、PowerPointなどのソフトを使用して提示資料を作成することを想定し、良い提示資料の要件を記述しておきます。

〈良い提示資料の要件〉
・見やすく、読みやすくする
・適切なビジュタル表現を入れる
・文章は箇条書きにする
・適切なスライド枚数にする
・1枚のスライドに情報量を詰め込み過ぎない
・聞き手の目を疲れさせない

見えないよ〜

こんなスライド困ります！

図3-8　良い提示資料の要件

　PowerPointのアニメーション機能を多用して、まるでビデオ作品のようなスライドを作る人もいますが、プレゼンテーションの提示資料としては失格です。聞き手は画面の動きに引き込まれてプレゼンターの話を聞かないでしょう。反対に、まるで電子書籍のように文字を連ねるのも良くありません。聞き手は文字を読むことに一所懸命になってしまいます。どちらの場合も、目でスクリーンに注目し、耳は閉じてしまいます。提示資料はあくまでもプレゼンテーションをサポートするものであって、プレゼンテーションの主役ではないことを、しっかりと覚えておいてください。

リハーサル

　資料を作成するとホッと一息、準備万端と安心してしまいがちですが、そのまま本番に臨むと失敗する可能性があります。クリックするのを忘れたり、先に進み過ぎて大慌てしたり、重要な事柄を言い忘れて苦笑いしながら後で言い訳をするプレゼンターを、皆さんも見たことがあるでしょう。リハーサル不足の結果です。

　すばらしいプレゼンテーションを見ると「あの人はベテランだから」「あの人は場慣れしているから」などと思いがちですが、そうではありません。ベテランの人ほど、真剣なプレゼンテーションの前には必ず練習をするものです。同じ内容のプレゼンテーションでも、聞き手や場所が異なれば、言葉遣いや事例も変わってくるからです。

リハーサルは、実際に口から声を出して行います。頭の中だけで言うのと、小さい声でもいいから声を出すのとは大違いです。試しに頭の中だけで次の挨拶を言ってみてください。たった2行ですから、覚えられますね。〇〇は自分の名前です。△△は何でもいいので思いついたテーマを入れてください。思いつかなかった人は「私の好きな食べ物」にしてください。

> おはようございます。私は〇〇（自分の名前）です。今日は「△△（テーマ）」についてお話しします。よろしくお願いいたします。

スラスラと頭の中で言えるようになったら、次に本を閉じて何も見ないで、実際に声を出して言ってみてごらんなさい。どうでしょうか？　頭の中ではサッと言えたことが、口に出すと言葉が出なかったりしませんでしたか。

リハーサルは、言いにくい箇所などは何度か練習しますが、少なくとも3回は、最初の挨拶から最後の挨拶まで通しで行うことをお勧めします。もちろんお辞儀もしますし、指示棒で示すべき個所はきちんと指します。目の前に聞き手がいるつもりで実施してみてください。意外に時間がかかりすぎたり、反対にすぐ終わってしまったり、話しにくい箇所を発見したりするものです。場合によっては、ここでスライドを修正する必要も出てきます。

3-1-3　プレゼンテーションの実施

何度もリハーサルをし、スライドを微調整し、完璧に準備したからといって、本番プレゼンテーションが大成功に終わるとは限りません。そこがプレゼンテーションの難しいところです。本番では何が起きるかわかりません。

話し手は機械ではなく人間です。人間である限り、思い通りにいかないことがあります。聞き手の前に立ったとたんに、あがってしまうかもしれませんし、風邪を引いて立っているのも辛い状態もあるかもしれません。それでも、聞き手が前にいるのですからプレゼンテーションをしなければなりません。

聞き手もまた、人間です。人間である限り、やはり思い通りにはいきません。聞き手が好意的に耳を傾けてくれるとは限りません。お天気が悪いとか空調が悪いなど、プレゼンテーションには関係ない理由で、イライラしているかもしれま

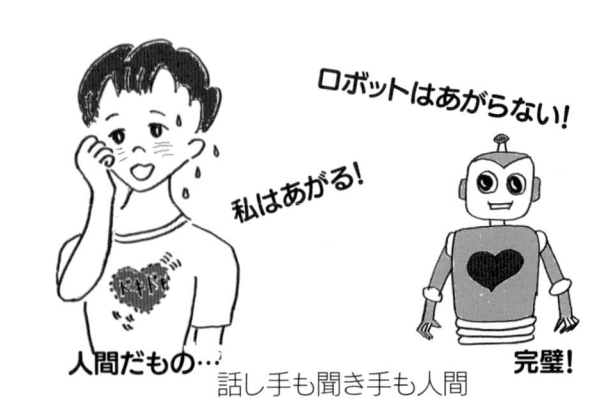

話し手も聞き手も人間

せん。それでも、聞き手が納得できるように話を続けなければなりません。

いろいろな可能性を考え、できる限り直前まで準備をしましょう。直前準備のポイントを書いておきます。

・最初と最後の挨拶を何度も練習する

多くの人は最初の挨拶のときに、聞き手の視線を感じて頭がまっ白になります。ここさえうまくできれば、落ち着くことができます。また、途中で失敗しても、最後の挨拶がきちんとできれば、聞き手は暖かい気持ちで見守ってくれるものです。失敗した上に最後の挨拶もせずに終えたら、聞き手には悪い印象しか残りません。最初と最後の挨拶が肝心です。

・忘れ物をしないように！

忘れ物をしないようにしましょう。手元のメモ、聞き手に見せる予定の物（アクティブ学園の新聞記事や地図）、ハンカチなどを忘れないように直前に確認します。プレゼンテーションが始まってから忘れ物に気づくと、些細なものでも慌ててしまい、あがる原因になってしまいます。

・PowerPointに頼りすぎない

「資料の作成」の項（72ページ）にも書いたとおり、PowerPointは主役ではありません。また機械は故障する場合もあります。話すべき内容をしっかりと頭に入れておけば、どんな場合も目的を達成できるはずです。PowerPointに頼りすぎず、自分自身を信頼して、聞き手に良かったと思われるプレゼンテーションを心がけてください。

・目的を再確認する

最後に何のためのプレゼンテーションか、その目的を再確認しましょう。つまり、聞き手にどのような行動を期待しているのか、ということです。承認してほしいのか？　許可してほしいのか？　どこかに行ってほしいのか？　やる気になってほしいのか？…「目的の明確化」の項（70ページ）にあるように、今日の目的を自分の頭の中にきちんと入れておくことです。複数の目的がある場合には、優先順位の一番高いもの1つだけ覚えておきましょう。直前で欲張ってはいけません。

本番で失敗したら、それまで準備してきたことが無駄になってしまうのですから、最後まで堂々と話しましょう。

3-1-4　プレゼンテーションの評価

　なんでも後始末が大切です。とはいえ、プレ
ゼンテーションが終わったあとは、誰でも張り
つめた気持ちから解放され、虚脱感に陥るもの
です。成功したにしろ失敗したにしろ、もう振
り返りたくない気持ちになるかもしれません。

反省なら猿でも…

まして人間だもの…

後の振り返りが大切

　しかし、ここで少しだけ振り返って、良かっ
たこと、悪かったことなどを反省してみると、
次回はもう少し楽になるはずです。「もうプレ
ゼンテーションなんかする機会はないから…」と考えるのは間違いです。「プレゼンテーショ
ンは説得活動」ということを思い出してください。説得は、家庭でも学校でも社会に出ても、
必ず必要になることです。「プレゼンテーション」と身構えずに「説得」と考えて、自分のプ
レゼンテーションを評価しておきましょう。きっといろいろな場面で役立つことでしょう。

🔲　評価の仕方

　評価の仕方は以下のようにいろいろとあります。いずれの方法であっても、良かった点や失
敗した点を紙に書いておくことです。プレゼンテーション評価専用ノートを作っておくといい
かもしれません。

- **・自己評価をする**

　　終わったらすぐに自分で振り返ってみる習慣をつけるとよいでしょう。ただし実施直後
　には、失敗したことばかり気になり、良かったことは思いつかないことがよくあります。
　良かった点も悪かった点も同じように振り返ってみましょう。

- **・聞き手に聞く**

　　終わった後に聞き手に率直な意見を聞いてみることです。ただし口頭では言いにくいこ
　ともありますし、褒め言葉ばかりになる傾向があります。褒め言葉は、話し手にとって、
　とても嬉しいものであり、動機づけにもなります。自分自身を力づけるための特効薬のよ
　うなものですが、あまり使いすぎると害になります。批判や改善点にも耳を傾けるように
　しましょう。

- **・コメントを書いてもらう**

　　いくつかの項目に〇をつけるような簡単なコメント用紙を準備して、聞き手に協力して

もらう方法です。フリーコメントのスペースも用意しましょう。後で○の項目を集計すると、自分の欠点がよくわかります。

・ビデオに撮る

　一番良い方法はプレゼンテーションをビデオに撮って、後で視聴しながら振り返ることです。聞き手の立場になれますし、何度でも視聴し、改善点を発見することができます。

評価の項目

　評価はどんな観点ですればよいのでしょうか。ただ「おもしろかった」「楽しかった」ではなく、プレゼンテーション本来の目的が達成されたことが一番の評価項目です。しかし、「聞き手が目的通りに動いてくれたか」ということは、すぐにわからないことが多いものです。

　アクティブ学園の例では、「活動内容を先生が承認してくれる」、あるいは「庶務課長が教室の許可をくれる」という目的の場合は、すぐに結果がわかりますが、学生スタッフが「やる気を起こし」、「オープンキャンパスの日に期待通りに動いてくれる」かどうかは、オープンキャンパスが終わるまでわかりません。結果が短期的に把握できる項目とそうでない項目があることを区別しておく必要があります。評価項目は、どのようなデータが欲しいのかで変わってきますが、代表的な項目を以下に示します。

- 話の内容はよくわかったか／わからなかったか
- 話す内容が役立ったか／役立たなかったか
- 話す内容が多すぎる／少なすぎる
- 話の内容に賛同したか／賛同できなかったか
- 話し方（声の大きさ、明瞭さ、話す速度など）
- 姿勢や態度が良い／悪い
- 表情が良い／悪い
- 言葉遣いが適切／悪い
- 落ち着いている／せわしない
- 熱意がある／ない
- 画面が見やすい／見にくい
- スライドが多すぎる／少なすぎる

　このような項目から、自分で得たい情報を軸にして情報収集をしたり、コメント用紙を作成したりするとよいでしょう。ワークシートにコメント用紙のサンプルがありますので、それを参考にしてオリジナルのコメント用紙を作成して、評価に役立ててください。

チーム活動の成果を伝える
プレゼンテーション

3-2-1　チーム・プレゼンテーション

　プレゼンテーションの技法は、1人で行う場合も複数名で行う場合も基本は同じです。しかし、チームで活動した結果のプレゼンテーションでは、1人で行う場合とは異なった注意点が必要になります。

　チーム全員が壇上に上がってから、「おれじゃないよ、お前が先に言えよ」などと、口火を切る人を譲り合っているような場面を見たことがありませんか？　プレゼンテーションをするということは、聞き手の時間をもらっているということです。聞き手はプレゼンテーションの内容に耳を傾けようとしているのであって、内輪揉めを見に来たのではありません。こういったチームには聞き手に対する意識があるとは思えません。

　時々、こうしたやりとりがおもしろおかしくて、聞き手が大笑いすることがあります。そうなると、壇上の発表者達も調子にのって、本来の目的を忘れ、まるで漫才でもやっているような悪ふざけに発展し、終わったときに「笑いをとって良かったなぁ」などと感想を述べる人もいますが、全くの認識不足です。こうした悪ふざけの現象は、複数名でのプレゼンテーションで起こりがちで、1人の場合には起こりにくいことです。準備の段階から気をつけてください。

　アクティブ学園のオープンキャンパス実行委員会は、6月中旬から学生スタッフを対象に説明会を実施します。その演習事例を参考に、チーム・プレゼンテーションの留意点を学習していきます。

壇上では内輪もめを見せない

準備段階での注意点

・**目的を確認する**

　一番重要な目的をメンバー全員で確認します。ここでは、学生スタッフに対して「参加意欲を高める」ことが一番の目的です。それに付随して、集合時間や担当作業などの説明を行います。作業内容などについては大まかな説明をして、詳細なことは配布資料にすることができそうです。

- **聞き手の知識レベルを確認する**

　学生スタッフは1年生から2年生までが主で、3年生や4年生も少しいます。1年生には学内の地図さえまだわかっていない人もいますが、3年生は熟知しています。こうした場合、1年生などには別に話す必要がありそうです。説明会ごとに参加者の知識レベルを確認して、融通性のあるプレゼンテーションを計画する必要があります。

- **作業工程を確認する**

　6月中旬から説明会を始めますが、庶務課から教室使用許可の出た日時を確認して、説明会の日程を決めます。そこから、いつまでにPowerPointのファイルを完成させるのか、いつ先生に見てもらい承認してもらうのか、いつリハーサルをするのかなどの作業工程を決め、委員全員が確認します。

- **準備作業の分担を決める**

　準備は、なるべく平等に分担します。「平等」というのは、単に作業量を平均化することではありません。チームには調べることが得意な人、交渉事が得意な人、人前で話すことが得意な人などがいる場合があります。それぞれの得意分野を生かすように分担すると、結果として効率がいいことが多いようです。ただし、メンバー内で不平等感が生じることは避けるべきです。

　たとえば、「僕はPowerPointが得意だから任せて!」の言葉で、スライドの作成は赤谷君の担当になったとします。しかし、そのときに声を出せなかった白井さんも、実はPowerPointが得意かもしれません。全員が発言して、納得がいくように分担を決めましょう。

　また、分担が決まったからといって完全な分業制にするのは避けるべきです。それではチーム活動とはいえません。「お互いに協力しよう」という掛け声だけではうまくいきませんので、他の人の手助けができるような体制を整える必要があります。その一つの方法は、1つの作業に複数人を割り振ることです。図3-9に示すように、赤谷君がPower Point担当者になり、白井さんはアンケート調査集計の担当者になったとしましょう。しかし白井さんはPowerPointのサブ担当者になれば、赤

作業 ＼ 名前	青山	緑川	赤谷	黒田	白井	茶沢
PP作成			主		副	
アンケート	副				主	
○ ◎	主			副		
× ×		主				副
△ ▽				副		主
◇ □		副			主	

図3-9　協力体制の作業分担例

谷さんも気軽に協力を求めることができますし、白井さんも得意のPowerPointで手助けをすることができます。また、青山君がアンケート調査集計のサブ担当者になれば、こちらの作業もお互いに協力ができます。このように、2人組を作るのではなく、チーム全体でお互いに主とサブの担当者を作れば、作業もはかどり、チームの一体感も生まれます。

資料作成段階での注意点

資料には、前項で説明したとおり、配布資料と提示資料の2種類があります。プレゼンテーションの内容によっては、どちらか一方を準備すればよい場合もありますが、今回の事例の場合は、両方必要です。学生スタッフには、説明会の後で確認してほしいことや、当日持参してほしい学内地図などがありますので、しっかりした配布資料が必要です。

・配布資料作成の注意点

趣旨が明確になっていることや、裏づけデータが充実しているかを確認します。複数の人の目でチェックすることが必要です。アクティブ学園の事例のように、学校全体に責任があるような行事では、先生あるいは学校側の責任者に確認をとることが必須です。また、この事例のように、プレゼンテーション中に参照してほしい箇所と、スタッフに当日持参してほしい箇所とがある場合には、別冊にするなどの工夫が必要です。

配布資料は聞き手が持ち帰る物です。他人に渡った物は、どこかに落とされるかもしれません。個人情報などに十分配慮しておきましょう。

・提示資料作成の注意点

提示資料は、特にわかりやすさに注意します。教室の大きさを考え、一番後ろの席でも読める大きさの文字にします。チーム全員で、教室の端、後ろなどに座って「見える」「見えない」を確認するなど、実際の場所でチェックするのが一番良い方法です。

内容が理解しやすいように、文字データだけでなく図やグラフなども必要に応じていれるようにしましょう。

全体は、図3-10に示すような構成になります。表紙には、テーマだけでなく発表の日付、チーム名、メンバー全員の名前を書いておきます。表紙の次の1枚は本の目次に相当する物で、

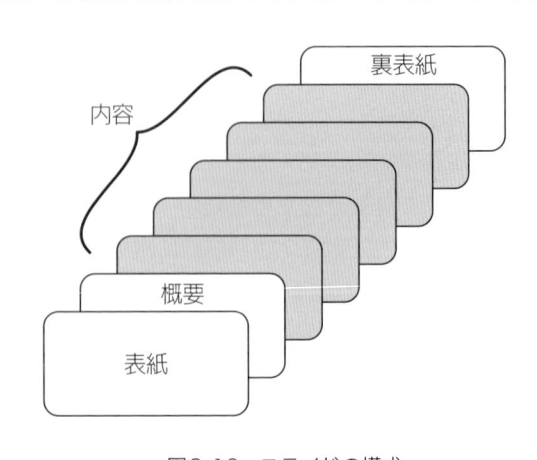

図3-10　スライドの構成

当日のプレゼンテーションの概要を書きます。聞き手は全体像がわかるので、内容の理解に役立ちます。

　最後の1枚は裏表紙です。このスライドには、あまり注意を払わない人も多いようですが、とても大事な1枚です。終わりの挨拶をするときに表示され、聞き手が席を立つまで、多くの場合は一番長い時間表示されているスライドです。キャッチコピー的な、今日のプレゼンテーションのメッセージを伝えるスライドにしておくことをお勧めします。

リハーサル段階での注意点

　リハーサルは、前項で説明したように大変重要なステップです。実際に全体を通してのリハーサルは、できれば先生にも立ち会ってもらい、助言をしていただくとよいでしょう。全体を通じてのリハーサルの前に、以下のことを行うようにしてください。

・プレゼンターを決める

　チーム・プレゼンテーションの場合、プレゼンターが1人の場合とチーム全員が交代に話をする場合があります。先生などの指示があればそれに従いますが、そうでない場合には事前に決める必要があります。

・話す分担を決める

　複数の人が交代で話す場合には、それぞれの分担を決めておきます。その場で「次の項目は…誰だっけ？」などということのないよう、順番を決めておきます。

・壇上に上がる順番を決める

　全員が一度に壇上に上がる場合には、その順番を決めておきます。始まる前はスムーズにスマートに始めることが大切です。

コラム：リハーサルは誰のため？

　リハーサルは誰のためにするのですか？　うまく発表するため？　かっこよく見せたいから？　褒められたいから？…いいえ、発表者のためではなく、聞き手のためです。

　聞き手は、皆さんの話を聞くために目の前に座っているのです。その人々に無駄な時間を過ごさせてはいけません。皆さんだって、期待して行った音楽会で、練習不足で下手な音楽を聞かされたら怒るでしょう。特にチーム・プレゼンテーションは、オーケストラと同じです。自分だけが技を磨くのではなく、お互いのコミュニケーションがうまくいかなければ良い音楽を奏でることはできません。チームのメンバー全員が参加して、何度も練習してください。聞き手が席を立つときに「この話を聞いて良かった」と思ってもらえるために！

・バトンタッチの方法を決める

話し手が複数の場合、次の人に受け渡す方法を事前に決めておきます。バトンタッチは全体の流れに影響しますので、スマートにできるように練習しましょう。

「次の項目は緑川が話します」のように、前のプレゼンターが次のプレゼンターを紹介して受け渡す方法と、メンバーの1人が司会者になり、「次の手順については、茶沢から説明します」のように紹介する方法があります。どちらの方法にするか事前に決めておきます。

OK！　　　　　渡したわよ！

バトンタッチは確実に！

・PowerPointの操作は誰が行うかを決める

プレゼンターがクリック操作をする場合と、別の人がクリック操作をする場合があります。特に別の人がクリックする場合は、注意が必要です。プレゼンターが「あ、前に戻ってください」というなどと、歩調が合わない場合があります。クリックしてもらう合図などを決めておくとよいでしょう。

・想定される質問をリストして回答を準備する

どんな質問が出るかを想定して、回答集を作っておくと安心です。これはチームのメンバー全員で質問を出し合って作成するとよいでしょう。

・最初と最後の挨拶の言葉を決める

前項で述べたように、挨拶はとても重要です。最初の挨拶はオードブル、最後の挨拶はデザート、ということを思い出してください。聞き手の印象が、これによって変わります。好感を得るためには、何度も練習してスマートに言えるようにしてください。図3-11に示す挨拶の例を参考にして、適切にアレンジして挨拶の言葉を作成しましょう。

・不測の事態に備える

すべてが計算通りに行くとは限りません。電車が遅れたりメンバーの誰かが風邪などで急に休んだりした場合でも、他の人が代わりに話せるようにしておきましょう。

> **〈最初の挨拶の例〉**
>
> 　皆さん、こんにちは。今日は放課後の時間に集まっていただき、ありがとうございます。
>
> 　今日は学生スタッフの皆さんに、当日の仕事の内容をご説明します。私はオープンキャンパス実行委員の赤石です。今日お話しするメンバーは、実行委員会の黒田、青山の3名です。最後に質疑応答の時間をとっています。よろしくお願いします。

> **〈最後の挨拶の例〉**
>
> 　これで、私たちの話は終わりです。全体に何かご質問はありませんか。何でも遠慮なく聞いてください。ここで答えられないことは、後でお答えします。
>
> 　・・・・・　質疑応答　・・・・・
>
> 　他にありませんか。それでは終わりにします。オープンキャンパスに参加された方々が喜んでくださるようなおもてなしができるように、皆さんのご協力をよろしくお願いいたします。今日は、どうもありがとうございました。

図3-11　挨拶の例

🖳　本番プレゼンテーションでの注意点

　さぁ、いよいよ本番です。今までの努力が報われる日です。次のことに気をつけて、準備したことの成果が出るようにがんばりましょう。

・挨拶は、聞き手と正対して行う

　最初の挨拶のとき、チーム全員が壇上に上がっている場合は全員が聞き手に正対（まっすぐに相手に対する姿勢）になりましょう。顔だけでなく体全体が聞き手に向かって立ちます。代表者が挨拶の言葉を言うことになりますが、「おはようございます」などの挨拶の言葉では全員が一緒にお辞儀をしましょう。

・にこやかな表情で話す

　緊張しているからこそ、にこやかな笑顔を作るようにしましょう。緊張感いっぱいの顔や眉間にしわを寄せるような顔では、聞き手の気持ちを開くことができません。だからといって、ニヤニヤしたり笑ったりするのはいけません。好感の持てる表情を心がけてください。

- **一番後ろの席の人に聞こえる声で話す**

　不安だったら、「聞こえますか？」と尋ねてみてもよいです。聞こえなければマイクを使って全員が聞こえる声で話すようにしましょう。

- **手元の紙ばかり見ない**

　手元に資料を持っている場合、細かい数字やデータなどは見ても構いませんが、資料を棒読みしていたら、聞き手は聞く気になれず耳を閉じてしまいます。一度は顔を上げて聞き手を見てください。顔を上げるきっかけがなければ、「ここまでよろしいですか？」などと問いかけて、聞き手を見る努力をしましょう。アイコンタクトがとれると、全体の雰囲気も変わるものです。

- **話していないメンバーの態度も気をつける**

　チームのメンバー全員が壇上に上がっている場合でも、話している人は1人です。他のメンバーはどうしていますか？　隣同士でコソコソ話したり窓の外を見ているような部外者的な態度はやめましょう。そのときに話をしている人と同じ気持ちで聞き手を見ていてください。

- **質問には全員で答える**

　質問の内容によっては、質問を受けた人が答えられない場合があります。メンバー全員が回答者としての責任をもって対処しましょう。予想外の質問が出てくることもあります。答えられない質問もあります。場合によっては、「今はわかりませんから後ほど調べてお答えします」と断る場合もあります。チームのメンバー全員で協力しあって対応すれば、良い結果を得られます。

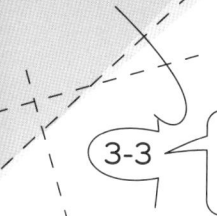

3-3 ポスターセッション

3-3-1 ポスターセッションとは

　皆さんは、「ポスターセッション」という言葉を知っていますか？　ポスターセッションという言葉は知らなくても、ポスターは誰でも知っているでしょう。ポスターは、人目につきやすい場所に掲示される大型の紙片のことです。もともと柱（ポスト）に貼られるためにポスターと呼ばれましたが、今では、駅の構内、電車やバスの車内、壁などに貼られています。商業ポスターや政治ポスターなど、目的によっていろいろなものがあります。

　多くの人が目にするポスターですが、せっかく貼られていても目立たず、皆が通り過ぎてしまう物もありますし、多くの人がハッとして足を止めて見てしまう物もあります。今まで印象に残ったポスターがあれば、その特徴を書いておきましょう。きっとポスターセッションをするときのヒントになるでしょう。

　この節で説明するポスターは、研究成果や調査結果などをまとめて発表するために作成された、大型の紙片のことです。そして、いくつものポスターを大きめの部屋やホールに展示し、参加者が自由に見て回ることができるようにしたものをポスターセッションと呼びます。この方法は、研究者が研究成果を発表する学会などで行われていますが、最近では学校でも、チーム活動の成果を伝える方法として実施する機会が増えてきています。

　アクティブ学園のオープンキャンパス実行委員会の取り組みは、成果を上げることができました。そしてオープンキャンパス終了後、近隣の学校の交流会において、ポスターセッションの形式で成果報告を行うことになりました。この交流会では、近隣の学校が集まり、それぞれの学生が取り組んでいるプロジェクトなどの成果を発表することになっています。多くのプロジェクトが発表の機会を持てるように、ポスターセッションの会場が用意されているのです。

　皆さんの中には、すでにポスターセッションを実施したり、見たりしたことがある人もいるかもしれません。そのような経験のある人は、どんな科目やイベントで経験したのかをワーク

シートに記入してみてください。その際、つい近寄って読んでしまうような魅力的なポスターや、逆に関心のあるテーマだったけれど途中で読むのをやめてしまったポスターがあれば、それぞれ具体的にどこが魅力的だったのか、どこが良くなかったのかをワークシートに書き出してみてください。

ポスターセッションのイメージ

ポスターセッションとプレゼンテーションとの違い

　前節でプレゼンテーションについて学習しました。プレゼンテーションもポスターセッションも、その場にいる聞き手に対して説明を行うという点では同じですが、実施方法や参加者との関係などに違いがあります。ここで、2つの違いについて見てみましょう。図3-12にポイントをまとめてあるので、併せて確認してください。

・実施方法と聞き手の状況

　プレゼンテーションは、教室や会議室などの限定された場所で、決まった時間に、その場に座っている聞き手に対して説明をします。聞き手はそのプレゼンテーションを聞くために集まっています。そのため、聞き手がどんな人達かあらかじめある程度の情報はつかめ、聞き手に合わせた説明を準備しやすいことになります。オープンキャンパス実行委員会が実施したプレゼンテーションでも、先生や事務課長向けのものと学生スタッフ向けのものとでは、内容も話し方も違っていました。

　それに対してポスターセッションは、広くてオープンな会場にいくつものポスターが貼られており、参加者は会場を歩き回りながら、好きなタイミングで興味があるポスターの前で立ち止まって、内容を読みます。その立ち止まった人に対して、説明者は話をします。どのような人達を対象としたポスターセッションの場であるかによって事情は多少違いますが、同じタイミングで話を聞いている人が、同じような聞き手とは限りません。たとえばオープンキャンパス実行委員会のポスターセッションでも、他の学校の教職員の人と、自分が在学している学校の学生とが一緒に話を聞くこともあります。また、同時並行でいくつもポスターの説明が進みますから、聞き手が最初から最後までその場に立ち止まって聞いてくれるかどうかはわかりません。説明内容に関心が持てないと思うと、聞き手はすぐに他のポスターへ移動してしまうこともあります。

・聞き手との距離

　プレゼンテーションは、教室や会議室などで、説明者が前に立って説明します。そのため聞き手、特に会場の一番後ろに座っている人と、説明者の間の距離はかなり離れています。説明者は、大勢の聞き手に対して、一方的に話す時間が長くなりがちです。

　一方、ポスターセッションでは、聞き手はポスターの内容が読めるように、すぐ前に立って説明を聞きます。聞き手が複数いても、皆ポスターが見える距離に立つので、説明者と聞き手との距離は、プレゼンテーションよりもかなり近くなります。そのため、聞き手との双方向のやりとりがしやすい環境であるといえます。

・提示資料

　プレゼンテーションでは、提示する資料にはあまり詳細な内容を記述しません。聞き手は配布資料を見たり、説明を聞いたりすることで、内容を理解できます。しかしポスターセッションでは、参加者は自由に自分のペースでポスターを読むことが多く、必ず説明を聞くとは決まっていません。そのため、ポスターは見やすく、説明がなくても理解しやすい内容であることが求められます。

　またポスターセッションでは、参加者は、事前に配布される「発表内容の概要」などを読んで見たいポスターをある程度決めている場合もありますが、会場を歩きながら興味をひくポスターを探す人も多くいます。そのため、3〜5mくらい離れて見たときでも魅力的な「見た目」が必要になります。ごちゃごちゃした文字ばかりで何を言いたいのかがわかりにくいポスターでは、話を聞きたいと近寄ってくれる参加者が少なくなってしまう可能性が高いのです。

　魅力的なポスター作りには、ワークシートの3-7に記入した印象深いポスターの特徴が役に立ちます。これからも、つい足を止めたポスターや効果的なポスターの特徴をワークシートに書き足していく習慣をつけていくとよいでしょう。

	ポスターセッション	プレゼンテーション
場　所	広くオープンな会場	教室や会議室などの限定された場所
説明時間	制限はない	一般的には、10〜20分
聞き手	会場内を歩き回り、興味をもったポスターの前で立ち止まった人	設定されたテーマに関心がある人
	会場がオープンしている間は自由に移動する	設定された時間内はその場所に留まる
提示資料	読んでわかる内容	説明することを前提とした内容

図3-12　ポスターセッションとプレゼンテーションの違い

ポスターの作成

ポスターセッションでは、説明者が横に立っていない時間でもポスターは貼り出されており、それ自体が発表の主役になることがあります。参加者が短時間で内容を理解でき、同時に、説明時には補助的な役割を果たす、見やすいポスターを作成しましょう。

・ストーリーの組立て

ポスターの場合も、プレゼンテーションと同様にまずストーリーの組立てを考えます。説明がなくても理解できるように、記述する内容と順序を検討しましょう。初めて読む人でも、順番に読み進んでいけば言いたいことが伝わるかどうかを、必ず確認してください。ただし、ポスター全体の大きさには制限がありますから、その中に納まる枚数でまとめる必要があります。オープンキャンパス実行委員会のポスターでは、図3-13のストーリーで資料をまとめることにしました。

> 1. 背景（昨年までの状況）
> 2. 原因分析
> 3. 実施した改善策①&②
> 4. 改善策を実施した効果
> 5. 今後の課題

図3-13　実行委員会のポスター・シナリオ

・レイアウト

ポスター全体の大きさは、会場の壁や用意されたパネルによって異なります。前述のように、指定された大きさに収まるように資料をどうレイアウトするのか検討します。

まず、一番上にはタイトルを配置します。これはポスターの内容を的確に表すもので、必須と考えて下さい。参加者の関心を引くような工夫もしましょう。今回、オープンキャンパス実行委員は、タイトルを「オープンキャンパス成功のカギは、学生スタッフのおもてなし力!」としました。

内容を説明する各資料は、PowerPointなどのソフトを使って、A4 ～ A3サイズのものを作成します。ポスターセッションでは、参加者がポスターを読むことが多いと説明しました。だからといって文章ばかり書かれているポスターは読むのが大変ですし、わかりにくいものです。プレゼンテーションの資料と同じように、具体的なデータなどはわかりやすい図表にして盛り込み、イラストなども活用しましょう。さらに、全体の統一感を出すために書体や色使いなどを統一することも忘れないでください。

それぞれの資料ができたら、実際に配置します。その際に見やすい資料のレイアウトには、図3-14のように、縦方向に説明していく形式と、図3-15のように横方向に説明していく形式があります。

縦方向に説明していく場合は、あまり低い位置まで資料があると、下の方の資料を見る

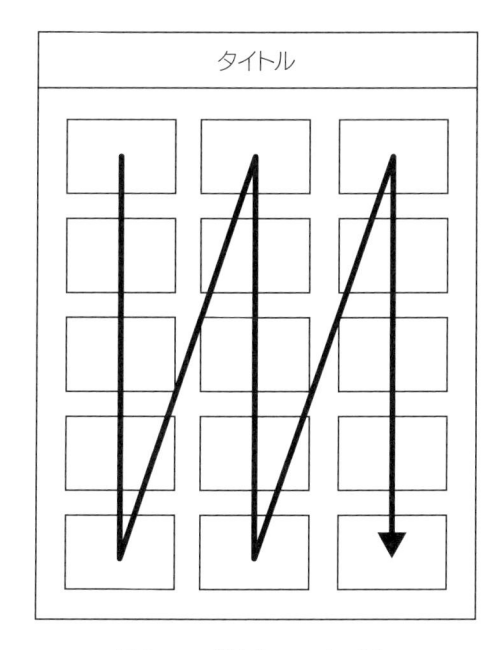

図3-14　縦方向のレイアウト

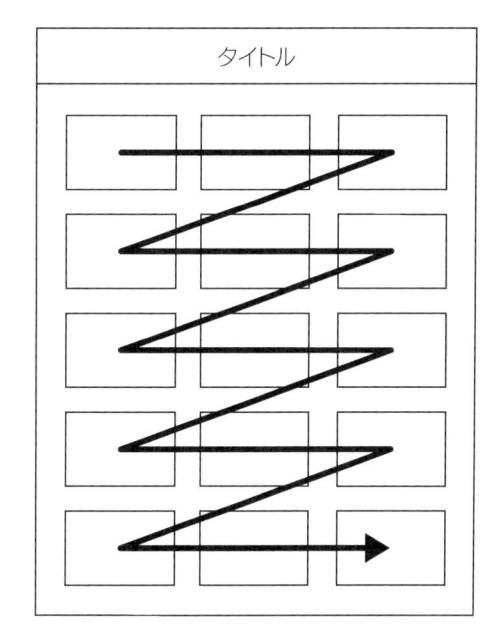

図3-15　横方向のレイアウト

ために聞き手が何度もかがんだり、しゃがんだりしなければならないので気をつけましょう。

　一方、横方向の場合は、横幅があまり大きくなると、全体の資料を見るために左右の移動が何度か必要になります。もちろん横方向のレイアウトでも、一番下の列があまり低い位置にあると、聞き手は見にくいので注意が必要です。ポスター全体の大きさや設置する環境によって、聞き手が見やすいレイアウトを考えましょう。

　最近は、大型のカラープリンターでAOサイズでそのまま印刷できる設備をもっている学校も増えてきました。そのような環境があれば、大判用紙に自由なレイアウトが可能です。ただし、あれもこれも盛り込みすぎて、何が大切なのかがわからなくならないように、聞き手が見やすいレイアウトを考えましょう。また、大きなサイズは印刷費用もかかるので、事前に小さなサイズに分割して印刷し、内容を十分確認をしてから、最後にAOサイズで印刷するようにしましょう。

　オープンキャンパス実行委員のメンバーも、学校の大型プリンターを使うことができることになったので、PowerPointの機能を使って、AOサイズのポスター（図3-16）を作成して、会場に貼りました。細かいデータや説明など、ポスターには記述しきれない内容は、小冊子やリーフレットにして展示ポスターのそばに置き、自由に取って参照してもらうのも良い方法です。

オープンキャンパス成功のカギは、学生スタッフのおもてなし力!

背 景

過去5年間のオープンキャンパスにおける参加者の満足度アンケートの結果は、毎年下がり続けている。さらに学生スタッフの満足度も、同様に下がってきている。（図᾽参照）
これらの状況を解決するべく対策を考えた。
実行委員会の討議期間は4月から6月の3か月間

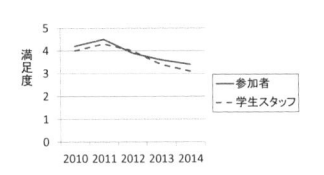

原因分析

◆参加者コメントの分析結果
　参加者が記入したアンケートコメントの分析（昨年実施分）

改善要望コメント	件数
在校生の話をもっと聞きたい	74
学内の案内をもっとわかりやすくしてほしい	62
体験場所が足りないので、増やしてほしい	58
最寄りの駅からの会場までの案内がもっとほしい	18
開催時順の変更（他校と同じ日は避けてほしい）	12

◆学生スタッフへのインタビュー結果の分析結果
　昨年度参加した学生スタッフへのインタビュー結果より、改善が必要な項目を分析した。100名回答、重複回答あり

改善要望コメント	件数
スタッフの人数が足りないので、体験ができなかった	30
当日の対応マニュアルがほしい	25
他の部署のスタッフとの連絡が取りにくくて困った	22
忙しい時期に急に参加することになり、学業との両立に苦労した	16
事前説明がほとんどなく、当日の役割がわからなかった	12

改善策1

◆改善策1　：　学生スタッフの必要人数の確保と事前説明の充実

　昨年の学生スタッフへのインタビュー結果より、学生スタッフの人数が不足していたこと、および仕事内容をよくわからないまま参加した学生が多かったことが問題となった。
この点への対応策として、以下の3点を実施した。

①スタッフの募集開始時期を1か月早める
②スタッフ経験者の体験談をホームページ上に掲載する
③事前説明会を4回開催（都合のよい日時に参加可能とする）

＜先輩の体験談＞

募集を知ったのが、締め切りの直前で…

学生スタッフの人数が足りなかったので、体験が取れなかったのはつらかった。

インタビューの詳細は、報告書としてまとめています。ポスター横に置いてありますので、ご自由にご覧ください。

改善策2

◆改善策2　：　学生スタッフ間の連携強化

　昨年の学生スタッフへのインタビュー結果より、担当部署が異なる学生スタッフの間ではコミュニケーションが取れておらず、必要な情報が共有できていないなどの問題が発生した、さらに当日確認できるようなマニュアルが充実していなかったため、トラブル対応ができないスタッフが多かった。
この点への対応策として、以下の2点を実施した。

①スタッフ全体を対象とした勉強会の実施
　＊対応マナー研修、グループ討議
②トラブル対応マニュアルの作成

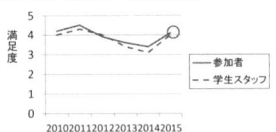

＜トラブル対応マニュアルの項目＞
・道に迷った人をみつけたら…
・体育館前の階段で転んだ人がいたら…
・ゴミをポイ捨てする人を見つけたら…
・落し物をした人が来たら…
・落し物を見つけたら…
・クレームを受けたら…

改善策の実施結果

◆学生スタッフの満足度の向上→参加者の満足度の向上にも貢献

　本年度、改善案を実施したことにより、過去3年間下がっていた参加者の満足度と学生スタッフの満足度の両方を改善することができた。
・参加者　満足度　0.7ポイント向上
・学生スタッフ　満足度　0.9ポイント向上

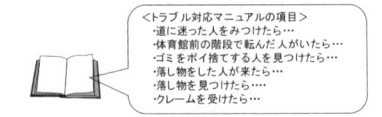

＜今年の学生スタッフのコメント＞

コメント	件数
研修会に参加してマナーなどを学んだことで、安心してお客様対応ができた	25
トラブル対応マニュアルを見ることで、自分で判断して、迅速に対応ができた	18
仕事の内容を理解した上で参加できたので、学業との調整もしやすかった	16
担当部署を越えたスタッフ間のコミュニケーションもでき、友人が増えた	12

今後の課題

◆オープンキャンパスへの来客人数の増加へ向けて

　学生スタッフの対応力が向上し、参加者の満足度も向上した。しかし、参加者の人数は過去5年間減少している。オープンキャンパスにまず足を運んでもらうためには、どうすればよいのかを考え、来客数の向上を図ることが今後の課題となる。

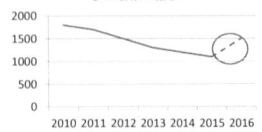

図3-16　ポスターのサンプル

🔲 説明の実施

　前項で、ポスターそのものをわかりやすく、魅力的に作ることが必要だと説明しました。しかし、わかりやすいポスターを作れれば、説明者はただ黙って隣に立っているだけでいいのでしょうか？　そんなことはありません。興味を持って立ち止まってくれた人がいれば、せっかくのチャンスですから、効果的な説明をしましょう。その場合の注意点を書いておきます。

・まず全体像を伝えよう

　最初に全体像を伝えるために結論を述べてから、詳細を説明しましょう。これは、まず結論を伝えて聞き手に興味をもってもらい、もっと詳細を聞きたいと思ってもらうためです。序論から長々と話していると、聞き手が興味を持てず、途中で他のポスターに移動してしまうかもしれません。早く発表内容の魅力を伝える努力をしましょう。そのためには、ポスター作成だけに注力するのではなく、事前にリハーサルをして、スムーズに最初の言葉が出てくるように準備しておくことが大事です。

　もちろんプレゼンテーションの場合と同様に、最初と最後の挨拶も忘れないようにしましょう。

・聞き手に話しかけよう

　聞き手との距離が近いことがポスターセッションの特徴です。さらに聞き手の人数も、プレゼンテーションと比べると少数ですから、それぞれの聞き手に話しかけることを意識しましょう。プレゼンテーションの場合と同じく、聞き手に正対して話すことや、アイコンタクトをすることが重要です。すぐ近くで話しているのに、全く自分のことを見ない話し手がいたらどう感じますか？　無視されているようで、不快に思うかもしれません。話す内容は、もちろん大事ですが、話す態度にも十分注意しましょう。

聞き手に話しかけよう

・質問対応は臨機応変に

　ポスターセッションは、聞き手の人数が少なく気軽に質問ができる環境なので、説明の途中で質問が出ることも多くなります。プレゼンテーションのように発表時間が限られているわけではないので、質問には丁寧に答えるようにしましょう。ただし、複数の聞き手

がいる場合に、1人の質問者とだけ長々と質疑応答をしていると、他の聞き手は先の話が聞けず不快に感じるかもしれません。1人の聞き手からばかり質問が出てくる場合は、まず一通りポスターの内容を説明しましょう。その後、質問がある人にはその場に残ってもらって、じっくり質疑応答をした方がよいでしょう。聞き手全体の様子を見て、臨機応変に対応するようにしてください。細かい質問や回答できない質問に対しては、後で解説できるように連絡先などを聞いておくとよいでしょう。

オープンキャンパス実行委員の6名も、作成したポスターの横にスタンバイすることにしました。しかし、6名がずらっと並んでいては、ポスターを読みたい参加者の邪魔になってしまいます。そのような場合は、2名1組で時間を決めて説明担当を交代する方法があります。ポスターの説明そのものは1人で行うことができますが、聞き手からの質問も多いのでサポート役も必要です。全員が順番に説明役も担当するので、自分たちのプロジェクトの成果を効果的に説明できるように、リハーサルをしっかり行い本番に臨むことが大事です。

さらに、担当以外の時間には、他のポスター発表も積極的に聞いて回りましょう。それにより他の参加者の取り組みについて知ることができ、ポスターの作り方や説明の仕方など多くの気付きも得られます。

第3章をふりかえって

発表するとは

- 「狭義の発表」と、「プレゼンテーション」は同じではない
- プレゼンテーションの目的は、「聞き手を動かすこと」
- 聞き手に合わせてストーリーを決め、資料を準備する
- 提示資料は主役ではない
- リハーサルは口から声を出して、全体を通しで3回以上実施する
- 実施後の評価が大事

チーム活動の成果を伝えるプレゼンテーション

- 「目的」をメンバー全員が確認する
- 準備作業は平等に分担し、協力して進める
- 話す分担を事前に決めて、バトンタッチはスムーズに！
- 本番では、話していないメンバーも態度に注意する
- 質問対応はチーム全員で行う

ポスターセッション

- ポスターセッションは、オープンな会場で多くのチームが成果を発表できる場
- いろいろなタイプの人が、自由に関心のあるポスターを見学する
- 説明は、重要な点を簡潔に伝えて、聞き手に関心を持ってもらうことが大事
- 聞き手との距離が近いので、双方向のコミュニケーションを意識する
- 説明がなくても理解できる、魅力あるポスターの作成が必要

第4章

人間力

この章で**学ぶ**こと

　　これまでコミュニケーションについて学んできた総まとめの章です。第1章で、人間は1人では生きられないことを再確認し、コミュニケーション力の必要性を学びました。その技術や技法として、第2章で会話力、第3章で発表力を学び身につけてきました。これらの章を学びながら、皆さんの生活の中で、コミュニケーションが少しずつ円滑になってきたのではないかと思います。

　　この章では、皆さんの今の生活だけでなく、一歩進んで将来の生活、つまり社会の中で生きていくための能力「人間力」について学びます。まず人間力とは何か、どのような能力が必要かを知った上で、自分に合った能力を見つけます。その中には、すでに身についている能力もあり、これから身につける必要がある能力もあるでしょう。また、すでに身についている能力も、さらに高めていく必要があるでしょう。こうしたことを考えながら、自身の人間力を上げるための実践をする方法を学んでいきます。

この章の**ポイント**

●人間力とは

　人間力という言葉の意味を理解し、人間力を構成する要素、さらに具体的な特性を模索します。その上で、自分に合った人間力の特性を見つけ、能力を上げるための実践計画をたてます。

●社会における人間力の重要性

　チーム活動を推し進める力として、人間力を発揮する具体策を学び、自己の人間形成に役立てます。

この章を**終える**と

- ●「人間力」とは何かを説明できる
- ●人間力を上げるために、自分の特性を認識することができる
- ●人間力を上げるための計画を立てることができる
- ●社会に生きる1人の人間として、生きるための自己の基本姿勢を決めることができる

人間力について考える

4-1-1　人間力の高い人

▣　人間力の特性

　最初に「人間力の高い人」を見つけましょう。皆さんが、「あの人は人間力がある」と思う人を挙げてみてください。

　そう質問されると、「人間力」って何？　という疑問を持つ人いることでしょう。確かに人間力という言葉の意味を明確に知っている人は少ないと思います。しかし、この言葉は、学校の基本方針や企業の経営理念などの中にも使われていますので、何となくイメージは掴めると思います。人間力という言葉の意味については次の項で学習しますが、ここではイメージでかまわないので、「人間力のある人」を思い浮かべてみてください。

　歴史上の人でも有名人でも、あるいは現在活躍している人でも、または皆さんの周囲にいる人でもよいのです。たとえば、宮沢賢治はどうですか。想像力豊かで、自分だけではなく皆の幸せを願っていた人です。杉浦千畝は？　厳しい戦争のさなか、自らの良心に従ってユダヤ人にビザを発行し6000人以上の命を救いました。それともノーベル賞の山中伸弥？　スケートの羽生結弦？　あるいは近所のおじさんやおばさん？　誰でも構いません。「この人だ！」と思う人を1人選んで、ワークシートに書いてください。

　次に、どうしてその人を「人間力が高い」と思ったのか、その特性を「誠実である」「差別をしない」など、自分の言葉で表現してみてください。少なくとも10項目ぐらいワークシートに書き出してみましょう。言葉が思いつかない人は、ワークシートにヒントがあります。ヒントから言葉を選んだり、ヒントを参考に自分の言葉にアレンジして表現したりしてもかまいません。

4-1-2　人間力とは

◫　人間力という言葉

　日本語には、「力」のつく言葉がたくさんあります。「記憶力」「行動力」「忍耐力」などの言葉は、文字を見れば何のことだかすぐにわかります。今まで学習してきた「会話力」や「発表力」も、少し説明を読めば理解できたことでしょう。

　この「○○力」という言葉は、「○○する能力」あるいは「○○が発揮する力」と言い換えることができます。たとえば「記憶力」は「記憶する能

力」のことですし、「忍耐力」は「忍耐する能力」のことです。また、「雑談力」は、雑談によって何かが生まれる、すなわち「雑談が発揮する力」のことを意味します。「精神力」なども同様です。

　ところが「人間力」という言葉は、そのどちらにも当てはまらない不思議な言葉です。「人間する能力」でもないし、「人間が発揮する力」といわれても具体的にはわかりません。実はこの言葉は、先に挙げた「記憶力」などと異なり、最近使われ始めた新しい言葉です。1998年に出版された『老人力』という本が話題になり、それから何でも名詞に「力」をつける言葉が、はやり始めました。最近では「女子力」や「鈍感力」などの他、「煮物力」などこじつけのような言葉も出てきました。その一連の中に人間力という言葉があります。

　そのような「はやり言葉」を、本書で使用していることに疑問を感じる人もいるかもしれません。確かに流行語ですが、こじつけの「○○力」とは異なり、人間力という言葉は今や定着しつつあり、さらに今後も使われていくと思われる理由があるからです。

　1つめの理由は、第3章「3-1　発表するとは」でも述べたように、新しい言葉が生まれる背景には、今までの言葉では表現できない何かがあるからです。人間力という言葉が生まれる前には、人間らしさを表現するために「人間味」「人間性」「人柄」「人格」などという言葉が使われていました。それらの言葉は似ているようで少しずつ意味が異なります。たとえば「人間性」という言葉を使うときには人の本質や善悪に関することが多く、「人柄」といえば「明るい」とか「冷たい」など他人から見た印象に関係することが多いようです。いずれにしても、これらの言葉は人間の特性を示すだけで、動きを表現するものではありません。

　それに対して新しい言葉の「人間力」は、似たような言葉を包括しているだけでなく、「力」という字が示すように、単なる特性ではなく、前向きに力強く生きていくという行動に結びついている要素が感じられます。人間力という新しい言葉が持つニュアンスは、他の言葉では代

替えできないのです。

2つめの理由は、この新しい言葉が政府が発行する文書で使われているからです。2002年、経済財政諮問会議の提出資料の中で、経済を活性化するための6つの戦略の1つに「人間力」が挙げられました。そのため「人間力戦略研究会」が立ち上げられ、人間力とは何か、どうすれば人間力が身につくかが研究されま

図4-1 人間力は前進する力

した。2003年この研究会の報告書[1]では、人間力を「社会を構成し運営するとともに、自立した一人の人間として力強く生きていくための総合的な力」と定義されています。

その他、「人間力強化のための対策」とか「学力一辺倒でない人間力を判断する入試のあり方」など、政府が発行する書類や大臣の言葉の中にも使われています。こうした動きを受けて、ビジネスや教育の世界でも、人材育成に関する分野で「人間力」が使われてきています。このように、はやり言葉から始まった「人間力」という言葉は、わずか10数年で市民権を得てきたというわけです。

人間力とは

これで、人間力という言葉の意味が理解できたと思います。しかし、だからといって人間力とは何かを理解できたわけではありません。前述の人間力戦略研究会の報告書でも、人間力という用語を定義することは重要ではなく、この言葉を使うことが重要だと述べられています。この言葉を広く使うことによって、「社会を構成し運営するとともに、自立した一人の人間として力強く生きていくための**総合的な力**」を養っていくことが大切だといっているのです。

さて「総合的な力」といわれると、どんな力を想像しますか。「総合」とは「いくつかのことをまとめる」という意味ですから、さまざまな能力をまとめた能力であるはずです。では、どんな能力をまとめたのでしょうか。人間力戦略研究会の報告書では、人間力の構成要素を図4-2の3要素とし、「これらを総合的にバランス良く高めることが、人間力を高める」と記述しています。

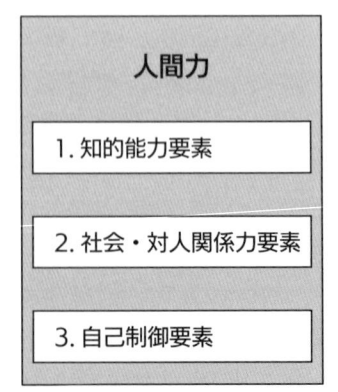

図4-2 人間力の3要素

---

[1] 詳細を知りたい場合は、内閣府のホームページから「人間力戦略研究会」報告書を閲覧してください。

🔲 要素となる能力

　3要素をバランス良く高めるということで、少し具体的なことがわかりました。まず「知的能力的要素」は、基礎学力はもちろんのこと、専門的知識を持っているということです。簡単な言葉でいえば、「頭脳明晰」といえるでしょう。2番目の「社会・対人関係力的要素」は、今まで私たちが学んできたコミュニケーション力がある、つまりは「人付き合いが良い」ということです。さらに3番目の「自己制御的要素」は、意欲や忍耐力など、「自分を律する力がある」、ということです。

頭脳明晰で
皆と仲良く
自制心もある

そんな人
めったにいません

　頭脳明晰で人付き合いが良くてさらに自分を律する人…そんな人、めったにいませんし、いたとしても、なんだか近寄りがたいと思いませんか。また自分自身のことを考えると、「それでは、人間力のある人間にはなれない」、そんな気がしてきます。

　そうです。一人ひとりの個人を考えたとき、オールマイティの人間はありえません。あれもこれもさまざまな能力を、まとめて1人の人間が持つなどということは不可能です。ここで言っているのは、一人ひとりが、3つの要素の中の何かを目標にして人間力を磨くということです。

🔲 自分が持てる人間力の特性

　この章の最初に、皆さんの頭の中で「人間力のある人」をイメージして、その特性を書いてもらいました。その人は、知的能力、社会・対人関係力、自己制御力の3つをバランスよく持っていたでしょうか。歴史上の人物には直接会えないので、真実はわかりませんが、きっと皆どこか偏っていたに違いありません。なぜかというと、それこそが「人間らしい」ということだからです。

　それでは、皆さんはどのような人間力のある人になりたいですか？　「別に…、人間力のある人になんか、なりたくない」などとは答えないでください。　今まで述べてきたように、「人間力のある人」は決して「立派な人」ということではなく、どこか偏ったところのある、「人間らしい人」のことなのです。「じゃあ今のままでいいから、そんなこと考えたくない」という答えもNo!　です。

　なぜかというと、第1章で述べたように、人間は1人では生きられない、社会性を持つ生き物だからです。これから社会に出ていく皆さんは、社会の中に自分の居場所を作る準備をする必要があるのです。そのためには、単に「人間性が良い」「明るい人柄」だけではなく、それを力として発揮できる「人間力」を高める必要があるのです。難しく考えず、どのような「人

可能性はいろいろあります

どこでも人間力は必要です

間力」の特性なら、自分が身につけられるかを考えてください。

まず、自分の将来像を考えてワークシートに書きましょう。すでに将来になりたい自分、あるいは職業までも考えている人は、それを書いてください。まだ未来を描けない人も、ここで少し自分の未来を考えてみましょう。今、思いつかない人も、自分が頑張っていること、一所懸命になっていることから考えてみるとよいでしょう。たとえば野球やサッカーに夢中になっている人は、将来はそれを職業としたいのか、あるいは趣味として続けていきたいのか、または社会に出たらそれ以外の別の趣味を見つけたいのか、と考えてみましょう。可能性はいろいろとあります。具体的な職業である必要はありませんが、「どういう人間になりたいか」を考えるのです。当然ですが「人間力」を持った人間像を考えてください。

次に、その将来像に合う「人間力」の特性を10項目以上挙げてください。そのとき、絶対に不可能な特性ではなく、「私が身につけられる」という観点で書いてください。すでに身についている特性も一緒に列挙してください。

4-1-3 コミュニケーション力と人間力

将来の自分に必要な人間力

少し未来が見えてきましたか？　それでは、またワークシートに戻ります。先ほど書いた特性の中で、すでに身につけている特性には〇、マスターしてはいないが練習中、あるいは勉強中の特性には△、全く身につけていない特性には×を、A欄に記入してください。すると、将来の自分に近づくためには、△と×の特性を身につけていく必要があるということがわかりま

す。

　次に、どの特性が一番重要で、真っ先に身につける必要がありますか？　優先順位を１〜５番目までＢ欄に記入してください。20個も特性を書いた人は、その特性をすぐに自分のものにするなんてことは考えられないでしょう。でも５つなら、少しずつできそうに思えませんか。きっとできるはずです。

　たとえば「ポジティブに考える」という特性に×をつけ優先順位５番目までに入っている場合は、今日からポジティブな言葉を使うようにします。道で転んですりむいても「あぁ、骨折しなく

ポジティブ　　　　ネガティブ

口角を上げるだけで、にこやかな気分になり、発言が変わり、人生が変わります！

て良かった」、宿題を忘れても「しまった！　でも明日は持ってこよう」、授業が理解できなくても「わからないということがわかったから、そこを先生に聞こう」というように、「…だからダメだ」ではなく「…だから良い」に言い換えるだけのことです。３日間だけ続けてみてください。失敗しても気落ちせず、次の３日間は別の項目を試みてください。こうして優先順位５番目までの項目を１つずつクリアするように努力してみると、５つのうち２つぐらいはできるようになるかもしれません。このように自分に合う特性を少しずつ探し当てて、自分改善を習慣づけていくと、自分らしい人間力が身についていくに違いありません。

🔲 コミュニケーション力と人間力

　さて、ワークシートのヒント「人間力のある人の特性99」の中に、コミュニケーション力に関係する項目は、どのくらいあるでしょうか。「これはコミュニケーションに関係する」と思う項目に〇印をつけてみてください。きっと多くの特質に〇がつくに違いありません。たとえば「常に学び続ける」というような知的要素に関係する項目は、一見「コミュニケーション」とは関係ないような気がするかもしれません。しかし、本気で何かを研究し、勉強し、それを知識として身につけるには、先生や周囲の人々とのコミュニケーションを図ることが不可欠です。

　そうです。人間力とコミュニケーション力には大いに相関関係があるのです。コミュニケーション力がついたからといって、すぐに人間力が高められるわけではありませんが、人間力を高めるためには、コミュニケーション力が必須です。そのことをよく覚えておいてください。

社会における人間力の重要性

4-2-1 チーム活動を推進する人間力

🔲 個性と人間力

　この章の最初に、人間力のある人を思い浮かべて、その特性を挙げました。皆さんが思い浮かべた人は、多分に個性豊かな人だったと思います。個性的だったからこそ、皆さんの眼にとまったともいえるでしょう。

　次に人間力の定義や要素を勉強しました。「人間力のある人」は、知的能力的要素、社会・対人関係力的要素、自己制御的要素の3要素をバランス良く持つ人、ということで、なんだか完璧ですばらしい、立派な人間像が浮かび上がってきました。しかし、自分が持てる特性を認識してみると、それはあくまでも理想像としての目標であって、人間力を高めることとは、決して皆さん一人ひとりがその理想像の型にはめ込まれることではない、と理解できたと思います。そのことは、とても重要なことです。

　自然界にある物で全く同じ物はありません。雪の博士、中谷宇吉郎の「雪の結晶は二つとして同じ形の物はない」という言葉は有名ですが、それだけでなく同じ1本の木の葉も、列になって進むアリたちも、私たちの眼には同じに見えても、全く同じではありません。特に人間は、一人ひとり、形だけでなく考えも感情も体力も知力も異なっているのです。それを無視して人間力を高めることは不可能です。

「型」は同じ六角形

でも

「形」は全部違います

　人間力の定義で言っているのは、3つの要素がバランスを極端に崩してはいけない、ということなのです。ちょうど、雪の結晶には「六角形」という決まった「型」があるけれど、それぞれの「形」が異なっているのと同じことです。たとえば、知的能力だけが飛びぬけて高いけれど、対人能力や自己制御力が極端に低い場合、その知的能力を十分に使うことができないだけでなく、本人も幸せにはなれない、ということなのです。

　人間力の3要素を考えたとき、皆さんはバランスがとれていますか？　それとも極端に低い要素がありますか？　自分のバランスを考えてみましょう。バランスが

とれていないとしたら、その理由は？ そしてバランスをとるべきなのか、このままで良いのかをワークシートに書いておきましょう。

人間力は個性と反比例するものではありません。人間力を高めることは、皆さんの得意分野で個性豊かな社会人となるために、必要不可欠なことなのです。

個性とチーム活動

これまで、チーム活動にはコミュニケーション力が必要であることを学んできました。同じ目的に向かって努力するのがチームですから、メンバー同士がいがみ合ったり競い合ったりせずに、お互いに協力していくことが重要です。

なかには「お互いに協力する」ということを、我慢したり辛抱したりすることだと考え、自分の個性を殺すようにしてチーム活動をする人がいますが、それは大きな間違いです。もちろん我慢もときには必要になりますが、先に我慢があるのではなく、結果として必要になるものです。意見の食い違いを十分に話し合って検討した結果、自分の意見が採用されなかったときに、我慢する必要が出てくるかもしれないのです。意見や考え方の相違によって、ときには激しい論争が起きるかもしれませんが、争いを避けるために辛抱するのは、本末転倒です。

人間というものは、頭ごなしに命令されたことはもちろんのこと、話し合いで決まったことであっても、納得していない結果には、できれば従いたくないものです。従ったとしても、いやいやながら従います。不満を持ちながらする仕事は効率が悪く、失敗も多くなります。そうなると、チーム活動の意味はなくなってしまいます。

それでは、できるだけ同じ意見の人が集まってチームを構成したら、どうでしょう。激しい言い争いを避けることもできるし、皆が仲良く効率良い仕事ができそうな気がしますが、それも良い結果にはなりません。

第1章のブレーメンの音楽隊のことを思い出してください。あの童話は4羽のニワトリだけでも4頭のロバだけでも成立しません。体が大きいものや小さいもの、噛みつき上手や足蹴り上手、大声が得意のものや鋭い爪を持つものなど、みんな違っていたから良かったのです。全く異なった特徴の動物同士が、自分の持てる能力を最大限に発揮して、お互いに助け合い協力しあったからこそ、人生の宝物を手に入れたのです。

皆さんのチームはどうですか。いろいろな得

みんなちがって、
みんないい。
（金子みすゞ）

意技を持っている人が集まっていますか。ワークシートの自分の特質を再度確認しておきましょう。次にメンバーの人々の特質を、気づいたときに書いておくとよいでしょう。このときにも、ヒント「人間力のある人の特性99」が役立つに違いありません。お互いの特質を知ることは、お互いの得意技を知ることになります。皆が異なる個性を持ち、その個性を発揮できるチームは、活気があり、効率も良く、すばらしい成果を上げることができるでしょう。それこそが人間力の成果といえます。

チーム活動を推進するリーダーの人間力

　個性あふれるメンバーから構成されるチームは、すばらしい成果を上げることが多いのですが、ときとして個々のメンバーがバラバラな方向に進んでしまうことがあります。能力ある個々の働きで、良い結果が生まれることもたまにありますが、それではチーム活動とはいえません。個別の活動がたまたま良い結果になっただけです。

　チーム活動は、メンバーの心がひとつになり同じ方向へ進む活動です。前にも例として述べましたが、オーケストラを想像すると理解しやすいと思います。メンバーはいつもは個別に活動しているので、一見バラバラの個人の集まりですが、演奏会では指揮者というリーダーの下で心をひとつにした音楽を奏でます。それゆえに、観客を感動させることができるのです。

社会におけるチーム活動でも同様で、リーダーが必要です。リーダーには個性あふれるメンバーの気持ちをひとつにまとめる人間力が必要です。リーダーの資質や役割については、多くの研修や本などで紹介されていますが、今まで学んだ人間力を発揮すれば、皆さんは誰でもリーダーになることができます。

もし、皆さんがリーダー不在のチームの中に入ってしまったら、率先してリーダーになって、それぞれのメンバーの個性を生かしたチーム作りを経験してみてください。その際に、ここで学んだ人間力とワークシートが役立つはずです。

他人を動かす方法は、たった2つしかありません。ひとつは「力」で動かす方法、もうひとつは「人間力」で動かす方法です。「力」は権力、財力、ときには暴力などで、この方法の効果は一時的なものです。もしリーダーにその力がなくなったら、たとえば財産をなくしたり、年老いて力を失ったりした場合、すぐに反撃を受けるからです。

それに対して「人間力」で動かした場合は、効果は永久的です。メンバーは「動かされた」のではなく、理解し、納得し、自ら「動いた」のですから、リーダーが止めようとしても、その動きが止まることはありません。それこそが、チーム活動を推進する力です。

4-2-2　自己の人間形成へ向けて

この本で学習した成果を上げるためには、今まで学んだことを実践していかなければなりません。もちろん、今までもアクティブ・ラーニングという手法で、皆さんはアクティブに学習してきたことと思いますが、これで終わりではありません。

人間形成は、一生続く勉強です。人生は山あり谷ありです。楽しく歩ける道ばかりではありません。ときには失敗し、ときには倒れ、怪我をすることもあるでしょう。怪我をして痛いときには何も考えられないかもしれませんが、そんなときこそ、人間力の馬車の図（図4-1）を思い出してください。人間力とは、立ち上がり、再び前に進む力です。

人生のほとんどの問題は、対人対応能力、つまりはコミュニケーションの力で解決します。なぜかというと、多くの問題は1人では解決できないからです。自分の力が足りないときには他者の力を借り、他人が困っているときには自分の力を貸し、ブレーメンの音楽隊のように少しずつ力を出し合って協力し合えば、大きな問題をも解決できるのです。皆さんは自らの人間力を高め、成長していく必要があります。そのために、これからもワークシートを活用してください。最後のワークシートの記入は、人間力アップのためのプランです。

これから、皆さんはどんな人々と出会い、どんな人々と話し、コミュニケーションをとっていくのでしょうか。コミュニケーション力を学んだ皆さんにとって、人々との出会いはきっと楽しいものになるに違いありません。人間力で、人生の宝物を手に入れてください。

第4章をふりかえって

人間力

・人間力が高い人は、個性豊かであることが多い

・人間力という言葉は人間の特性を示すだけでなく、前進する力を示す

・人間力は、「知的能力」「社会・対人関係力」「自己制御」の3要素から構成される

・3要素はバランスが大切であり、その特性は多種多様である

・人間力はコミュニケーション力に関連している

社会における人間力の重要性

・チーム活動に、メンバーの個性をなくすことは不必要である

・チームのメンバーは、それぞれ違った個性を持っているほうがよいことが多い

・人間力を高めることは自己の人間形成を助けるだけでなく、豊かな人間関係を築く

・コミュニケーション力を高めることが、問題解決の助けになる

・人間力アップは一時的なものではなく、一生続けていく心構えが大切である

参考文献

第1章

エリザベス・バークレイ、パトリシア・クロス、クレア・メジャー（安永　悟 監訳）：
　　『協同学習の技法：大学教育の手引き』、ナカニシヤ出版（2009）

A. F. オズボーン（上野一郎 訳）：『新訂 独創力を伸ばせ』、ダイヤモンド社（1953）

アラン・パーカー（氷上春奈 監訳）：『30 Minutes ブレーンストーミング ―最高のアイディ
　　アを捻出するための発想法』、トランスワールドジャパン（2003）

川喜田二郎：『発想法』、中央公論社（1967）

川喜田二郎：『続・発想法』、中央公論社（1970）

切田節子：『情報化社会のビジネスマナー』、近代科学社（2006）

第2章

伊東　明：『「聞く技術」が人を動かす』、光文社（2003）

齊藤　勇：『人間関係の秘訣は、カーネギーに聞け』、三笠書房（2015）

玉瀬耕治：『カウンセリングの技法を学ぶ』、有斐閣（2008）

東山紘久：『プロカウンセラーの聞く技術』、創元社（2000）

安田　正：『超一流の雑談力』、文響社（2015）

第3章

今泉美佳：『ポスター発表はチャンスの宝庫！』、羊土社（2003）

切田節子、三浦信宏、小林としえ、乙名 健：『Microsoft Office 2013を使った情報リ
　　テラシーの基礎』、近代科学社（2014）

索引

アクティブ・ラーニングで身につける

コミュニケーション力
―聞く力・話す力・人間力―

ワークシート

氏名

第1章：コミュニケーションの必要性

1 1 「社会人」とは何でしょうか？　皆さんは社会人という言葉から、どのような人を思い浮かべますか？「社会人とはこういう人のこと」と思ったことを書いてください。

-
-
-
-
-

1 2 童話「ブレーメンの音楽隊」から考えつく「チーム活動」の特徴を書き出してください。

-
-
-
-
-
-
-

1 3 皆さんの周囲の、図1-3にあるような実例を書き留めてください。お互いの能力をマイナスにしてしまうチームと、お互いの能力を本来の能力以上にプラスにするチームの実例です。個人情報にかかわる実名を記述する必要はありません。A、Bなど記号を使ってください。

〈お互いに能力をマイナスにするチームの例〉	〈お互いに能力をプラスにするチームの例〉

4 現在の学校では、さまざま授業形態があります。皆さんが受けたことのある授業の形態、あるいは「こんな授業があればよい」と想像する授業形態を記入してください。

-
-
-
-

5 アクティブ・ラーニングの授業を受けたことのある人は、その授業の良かった点、悪かった点を記入してください。複数ある場合は1つを取り上げてください。そのような形態の授業を受けたことのない人は、「こんな科目をアクティブ・ラーニングにしてほしい」と想像する授業を記入してください。

〈授業の悪かった点〉

〈授業の良かった点〉

★アクティブ・ラーニングにしてほしい科目

6 お互いのことがまだよくわからないチームでの話し合いでは、どのような問題が起こりそうでしょうか。今までの経験から「こんな問題が起きた」という事例を記入してください。今まで、そのような経験をしたことのない人は想像で思いつくことを書いてください。

やってみよう！ 学習した「シンク・ペア・シェア」「ラウンド・ロビン」「ブレーンストーミング」「KJ法」の技法を使ってみましょう。友人同士、家族や地域の人々との話の中で、学習した技法を使える場面を見つけてください。たとえば、「きょうの夕食は何にする？」「今度の日曜にどこへ行く？」など日常生活でちょっとしたことを決める場面で、誰からも意見が出ない場合、「じゃあ、ジャンケンで勝った人から1つずつ意見を言ってみよう！」と言ってみましょう。ラウンド・ロビンが応用できそうですね。使ってみた技法と、感想を記入してください。

〈使ってみた技法〉

〈使ってみた感想〉

皆さんの周囲の人々を頭に描いてください。その中に、一緒にいると居心地のよい人や反対に苦手な人がいることでしょう。好き・嫌いなどの感情とは別に「なんとなく苦手」とか「なんとなく話しやすい」などという程度で考えてください。それぞれの特徴を書き出してみましょう。個人情報にかかわる実名を書く必要はありません。

〈なんとなく苦手な人の特徴〉

-
-
-
-
-
-
-

〈なんとなく居心地のよい人の特徴〉

-
-
-
-
-
-
-

 アクティブ学園のオープンキャンパス実行委員会メンバーの行動スタイルは何だと思いますか。各メンバーの特徴をヒントに考えてみましょう。

- 青山君のスタイル　　　　　　　　　その理由
- 緑川君のスタイル　　　　　　　　　その理由
- 赤谷君のスタイル　　　　　　　　　その理由
- 黒田さんのスタイル　　　　　　　　その理由
- 白井さんのスタイル　　　　　　　　その理由
- 茶沢君のスタイル　　　　　　　　　その理由

 皆さん自身と周囲の人々のスタイルを書いてみましょう。

- 私のスタイルは　　　　　　　　　　その理由
- 　　　さんのスタイルは　　　　　　その理由
- 　　　さんのスタイルは　　　　　　その理由
- 　　　さんのスタイルは　　　　　　その理由

ヒント

「チーム活動の特徴」の回答例

・複数の人々で構成される（4匹の動物）
・異なる個性を持つ人々で構成される（異なる種類の動物）
・有能ではないが、特技を1つは持っている（弱い立場の者）
・何かを求めている（空腹でさまよう）
・目的がある（泥棒退治）

「オープンキャンパス実行委員メンバーの行動スタイル」の回答

・青山君　　：　C　（無口で、理屈っぽい）
・緑川君　　：　S　（周りに気を遣い、聞き上手）
・赤谷君　　：　D　（自己主張が強く、能動的）
・黒田さん　：　i　（社交的で、おしゃべり好き）
・白井さん　：　S　（自己主張をせず、聞き役にまわる）
・茶沢君　　：　C　（冷静で、完璧主義）

第2章：会話力（聞く・話す）

2 1 あなたがA君なら、どんな質問をしますか？　具体的に質問を考えて書き出してみましょう。

-
-
-
-

2 2 「この人と話して良かった！」と思える人はどんな人でしたか？　逆に「話さなければ良かった…」と思った人はどんな人でしたか？　書き出してみましょう。個人情報にかかわる実名を書く必要はありません。

〈話さなければ良かったと思った人〉	〈話して良かった！　と思った人〉

2 3 今までに、真意とは反対の言葉を言った経験を思い出してみましょう。たとえば、本当は嬉しくないことなのに、「嬉しい、ありがとう」と言ったことなど、具体的な経験を記入しておきましょう。

2-4 　ネット社会では、コミュニケーションの3要素の中の「②話し方」と「③表情や態度」が欠けているにも関わらず、気軽に「①言葉そのもの」のみを使用しています。その結果、誤解を招くだけでなく、犯罪に巻き込まれたり、だまされたりなど、多くの問題が起きています。皆さんの身近では、このような問題が起きていませんか？　もし知っている問題があれば記入しておきましょう。
　身近では問題がなければ、新聞やテレビのニュースで報道されていて、気になるものがあれば書き出してください。

2-5 　新しい技術による恩恵を我々はどのように生かすことができるでしょうか？　コミュニケーション・ツールを活用して、どのように人間関係を深めることができるのか、あなたの考えを記述してください。

2⃣6⃣ いままで3種類の「きく」を意識したことがありますか?意味をよく理解した上で、3種類の漢字を使って、例文を作ってください。

例：道路工事の雑音が**聞**こえうるさいので、窓をしめて音楽を**聴**こうとしたら

台所にいる母が「今、何時?」と**訊**いてきた。

2⃣7⃣ 今までに「聴く」ことができなかった理由は何でしたか? 自分が経験したこと以外でもいいので、いろいろな場面を想像して書いてください。

-
-
-
-
-

2⃣8⃣ 自分がよく使うあいづちを書き出してください。友達にも聞いてみましょう。

-
-
-
-
-

 友達と話をしているときに、同じような姿勢や動作をしていた、もしくは話し方や口癖が同じだった経験がありますか？　具体的にどのような姿勢や動作、話し方や口癖があったのかを書いてください。

〈姿勢・動作〉	〈話し方・口癖〉
●	●
●	●
●	●
●	●
●	●
●	●
●	●

 皆さんは、今までに聞き手の姿勢や態度で嫌な思いをしたことはありますか？　そのときに相手がどのような態度をとっていたのかを書いてみましょう。

●

●

●

●

●

2-11 「この人の質問は曖昧すぎて答えにくいなぁ」とか、「なんだか取調べをされているような気分だな」など、質問の仕方によって答えにくいと感じる場合があります。質問をされる立場で、答えにくいと感じる質問にはどのようなものがあったかを思い出して書いてみてください。

-
-
-
-
-

2-12 5W2Hを使うことで、友達が受けようとしている授業について、いろいろな質問が考えられます。テキストに書かれている以外の質問を考えて、記入してください。

- What
- Who
- When
- Where
- Why
- How
- How much/How many

 2　13　インタービュー番組で、インタビュアーがした質問を順に書き出してみましょう。

インタビューする人	→	インタビューされる人

〈質 問 内 容〉

-
-
-
-
-
-
-
-
-
-
-
-
-

 話し手となったときに、話しにくいと感じる相手を書き出してみましょう。なぜ話しにくいのかという理由も合わせて考えてください。逆に話しやすい人とその理由も書いてください。個人名はいりません。たとえば、サークルの先輩、アルバイト先の店長、などの書き方をしましょう。

〈話しにくい相手〉

-

　〈理由〉

-

　〈理由〉

-

　〈理由〉

〈話しやすい相手〉

-

　〈理由〉

-

　〈理由〉

-

　〈理由〉

いつもは話しやすい友達であっても、話しにくい状況があると思います。どんなときに話しにくかったか書き出してみましょう。

-
-
-
-
-

②15 友達や家族、もしくはお店の店員さんなどから、意見を押し付けるような話をされて嫌な思いをしたことがありませんか？　そのときの経験を記入してください。

★どんな状況で

★どんな話し方や内容だったか

②16 感謝、怒り、謝罪の気持ち以外に、気持ちを伝えたい場面にはどのようなものがありますか？　思いつくものを書き出してみましょう。

-
-
-
-
-

②17 いつも自分や周りの友達が使っている言葉で、「若者言葉」だと思うものを書き出してください。

-
-
-
-
-

チーム活動の演習事例2

①話し合いのスタート

2 18　メンバーの6名は知らない同士なので、会議室に集まっても沈黙が続き、雑談も盛り上がらない状況です。誰も率先して話をしません。皆さんは、こんなときにどんな話題できっかけを作りますか？

-
-
-
-
-

②相手の意見をきく

2 19　雑談でチームの雰囲気も良くなり、いよいよオープンキャンパスの進め方についての話し合いが始まりました。まず、積極的な赤谷君が自分の意見を述べ始めました。あなたはメンバーとしてどのような態度で話を聴きますか？　具体的な行動を書き出してみましょう。

-
-
-
-
-
-
-

15

③相手の意見に対して、賛成か反対かを述べる

 赤谷君が、「学生スタッフの熱意を引き出すために、頑張ったスタッフを表彰する仕組みを作ろう」という意見を出しました。あなたは、この意見に賛成ですか？　それとも反対ですが？　どちらかに ✔ をつけましょう。その考えをどのように伝えるのか実際にせりふを考えて、書いてください。

賛成　　　　　　　　　　　　反対

★考えを伝えるセリフ

----

④質問をする

 青山君と先輩の２人の会話を見て、青山君の質問の仕方で、良くないと思うことを書き出してください。またどのような質問の仕方をすれば効果的かを考えて、具体例を記入してください。

★質問の仕方で良くないこと

  •

  •

  •

  •

  •

★どのような質問の仕方が効果的か

----

⑤メンバー間でのトラブルに対応する

 　茶沢君と赤谷君の会話における問題点は何だと思いますか？　誰の、どの言い方が良くないのかをワークシートに記入してください。問題点は１つだけとは限りません。いくつか考えてみましょう。
　さらに、どのように話をすれば、建設的な会話になるのかを考えて、記入しましょう。その際には話し方と聞き方の両面で考えてみましょう。

★誰のどの言い方が良くないのか

-

理由

-

理由

-

理由

-

理由

-

理由

★どのように話をすれば、建設的な会話になるのか

第3章：発表力

3-1 「プレゼンテーション」という言葉に置き換えることができない「発表」の例を書き出してみましょう。

- --
- --
- --
- --
- --

3-2 友達や家族に「説得」した経験を思い出して記入してください。相手のために、何を勧めたのでしょうか？ 具体的に書いてみましょう。

★誰に対して：

★何を勧めたか：

★勧めた理由：

3-3 やってみよう！ 資料作成の前には、ドラフトを作成することが必要です。次ページにある「ドラフト作成作業用紙（1）」と「ドラフト作成作業用紙（2）」を使って、これから実施するプレゼンテーションのためのドラフトを実際に作成してみましょう。

ドラフト作成作業用紙（1）

★テーマは何ですか？

★タイトルとサブタイトル（副題）をつけてください

★相手（聞き手）はどんな人ですか？　想定してください。

★聞き手の人数は何人ぐらいですか？　その他分かることを書いてください。

★プレゼンテーションの時間は何分ぐらいですか？

★結果として、聞き手にどんなことを期待しますか？
（どう考えてほしい、どう行動してほしい等）

ドラフト作成作業用紙（2）

1

2

3

4

5

6

7

8

20

ドラフト作成作業用紙 (2) のサンプル

オープンキャンパス

> 学生スタッフのための
> 実施説明会

おもてなしの心で迎えよう

1

実施要領

- オープンキャンパス日時
  - 平成28年7月17日（日）
  - 10時〜16時
- 詳細は配布パンフレット参照
- 持ち物　ジャンパーは前日配

2

学生スタッフの役割

- 入学希望者←学校の理解を深める
- 保護者←学校に好感をもってもらう
- 地域住民←交流／環境作り

入学者数の増加に貢献する
アクティブ学園の学生としての自覚と
誇りを深める

3

イベント内容

イベント	担当班
総合説明	A班
学部説明	B班
学内ツアー	C班 D班
学食体験	E班 F班 G班
模擬授業	H班 I班 J班
個別相談	E班 F班 G班（兼任）
在校生との交流	K班 A班 B班

4

困ったときの対処

- 道に迷った人を見つけたら
- 体育館前の階段で転んだ人がいたら
- ゴミのポイ捨て見つけたら
- 落とし物した人／見つけた人
- クレーム受けたら

5

注意事項

- スタッフ集合：遅刻厳禁
  - 7月16日　13時　1号館101教室
  - 7月17日　9時　各自の持ち場
- 服装
  - スタッフのユニフォーム着用
  - 短パン／ゴム草履禁止

6

学生スタッフの心構え

- おもてなしの心を忘れずに！
- スタッフ一人ひとりが学校の代表！
- 参加者に積極的に話しかけよう！
- 班の枠を超えスタッフ同士で助け合おう！

7

みんなで成功させよう！
オープンキャンパス

8

---

3 4 テキストにある下記の文章を、声に出して言ってみましょう。声を出すことが大事です。モゴモゴと口先で言うだけではなく、口を大きく開けて、発声してください。○○は自分の名前です。△△は何でもよいので思いついたテーマを入れてください。思いつかなかった人は「私の好きな食べ物」にしてください。

> おはようございます。私は○○（自分の名前）です。今日は「△△（テーマ）」についてお話しします。よろしくお願いいたします。

3 5 プレゼンテーションの評価をするために、オリジナルのコメント用紙を作成してみましょう。以下に3種類のコメント用紙のサンプルを紹介します。これらを参考にして、実際に作成してみてください。使ってみて不具合な点があれば、修正しながらより使い勝手のよいコメント用紙を完成させましょう。

プレゼンテーション評価用紙

発表者

_____ さんへ

テーマ

評価（A〜E）	コメント
内容 （わかりやすさ）	
役立ったか	
フリーコメント	

提案テーマ		
提案者		
評価項目	評価	メモ
①テーマ設定		
②展開の仕方		
③結論のわかりやすさ		
④姿勢や表情		
⑤服装		
⑥言葉遣い		
⑦声の大きさやスピード		
⑧視線の配り方		
⑨スライドの見やすさ		
⑩納得感		

＜総評＞

プレゼンテーション・コメント用紙　　　実施日：　／　／

記入者氏名

＿＿＿＿＿＿＿＿　さんへ

項目	評価 A～E	小項目	良い点	改善点
話し方		声の大きさ		
		明瞭さ（口調・語尾）		
		速度（話すテンポと間）		
		言葉（表現・クセ）		
内容		主旨（ポイントの明確さ）		
		質量（時間とのかね合い）		
姿勢・態度		体の向き（聞き手に正対）		
		表情		
		アイコンタクト		
		動作（落ち着き・クセ）		
		熱意・誠意		
画面		見やすさ		
		図やイラスト		

全体を通じてのコメント（総評）
本人のすばらしい点も忘れずに書いてあげてください。

 **やってみよう！** プレゼンテーションでは、最初と最後の挨拶が重要です。テキストの図3-11にある挨拶の例を参考にして、オリジナルの挨拶の言葉を作成し、記入しましょう。

★最初の挨拶

★最後の挨拶

3 7 　今までに印象に残ったポスターはどんなポスターですか？　種類とその特徴を書いてください。たとえば、「種類：駅に貼られた観光地のポスター」「特徴：きれいな写真がたくさんあり、実物を見たくなった」などです。

- ポスターの種類：

　　特徴：

- ポスターの種類：

　　特徴：

- ポスターの種類：

　　特徴：

3 8 　今まで経験したポスターセッションがあれば、どんな科目やイベントで経験したのかを書いてみましょう。さらに、そのときに魅力的なポスターを見た場合は、どんな点が良かったのか、逆に途中で読むのをやめてしまったポスターがあれば、何が良くなかったのかを記入してください。

★どんな科目／イベントだったか：

〈良くなかったポスターの例〉	〈良かったポスターの例〉

第4章：人間力

 あなたが「人間力のある人」と思う人を1人選んでその名前を書き、どうして人間力があると思ったのか、その特性を10項目以上挙げてください。単に「素敵だから」「好みだから」ではなく、たとえば「誠実だから」「差別をしないから」など、具体的な言葉を書いてください。なるべく自分の言葉で表現してみてください。次ページのヒントを参考にしてもかまいません。

私が考える「人間力のある人」は [　　　　　　　　　] です。

その人の特性は

1.

2.

3.

4.

5.

6.

7.

8.

9.

10.

11.

12.

13.

14.

15.

16.

17.

18.

19.

20.

ヒント

人間力のある人の特性99

愛情深い	真理に触れる言葉が言える	心があたたかい
明るい	頼りになる	感謝の気持ちを忘れない
諦めない	周囲の意見に対し平等に耳を傾けられる	常識を備えている
歌が好き	言語力（日本語、英語など）にたけている	自分の弱さを知っている
いつも笑顔でいる	教養（音楽、芸術、文学）などに精通している	内面からマナーを守る
オーラがある	忘己利他（利他主義をとれる人）	他人のことを心配してくれる
情熱がある	窮地に立ったときに落ち着いていられる	知識の出し惜しみをしない
思いやりがある	プロとして専門知識を持っている	常に代替案を持っている
陰口を言わない	社会的地位ではなく人間性で判断する	他人の気持ちがよくわかる
家族を大切にする	誰も見ていないところでゴミを拾える	トイレ掃除を率先してする
楽器が弾ける	リーダーシップを持っている	目標に向かって努力する
頑固でない	外見よりも中身を重視する	環境に柔軟に対応できる
きめ細かな心づかい	逆境を試練と考えて成長する	おいしそうに食べる
行動力がある	苦しいときにそばにいてくれる	言葉遣いが丁寧
志をもっている	失敗してもやり直す勇気がある	自尊心を持っている
誠実である	誰にでも平等に接することができる	自由な発想ができる
自然が好き	感情をコントロールできる	臨機応変に対応できる
実行力がある	考えるだけでなく行動ができる	花や植物が好き
忍耐力がある	年齢を意識せずに生きている	趣味を持っている
自分を大切にする	人の心に敏感	純粋な心を持っている
詩や音楽を好む	品格がある	弱者を大切にする
視野が広い	包容力がある	私利私欲がない
精神力が強い	ポジティブに考える	世界観をもっている
責任感が強い	ポリシーを持っている	清潔感がある
説得力がある	何にでも融通性がある	常に学び続ける
想像力が豊か	夢をもっている	嘘をつかない
いつも楽しい	欲ばりでない	人間性が豊かである
読書家	確固とした信念がある	熱意を持っている
努力家	心身ともに健康である	思いやりがある
誰にでも誠実	人脈を持っている	周りの人を楽しませる
回復力がある	誰にも丁寧な対応をする	協調性がある
料理が上手	異端を認める	たくさんの友達がいる

 将来、どのような「人間力」のある人間になりたいか、その人間像を枠の中に書いてください。たとえば「人に感動を与える演奏ができるピアニスト」「家庭を大切にする父親」「おいしい魚をよく知る魚屋」など、具体的な将来像を描いてください。次に、あなた自身が身につけられる、あるいはすでに身につけている「人間力のある人」の特性を10項目以上記述してください。「人の嫌がることをしない」「コンピュータの知識を学ぶ」、「野球に打ち込む」など、具体的に書いてください。ワーク4-1で使ったヒントが参考になるかもしれません。

私は将来、次のような人間力のある人になりたいと思います。

そのために身につける特性は	A	B
1.		
2.		
3.		
4.		
5.		
6.		
7.		
8.		
9.		
10.		
11		
12.		
13.		
14.		
15.		
16.		
17.		
18.		
19.		
20.		

4-3 「人間力」の構成要素は、「知的能力」「社会・対人関係力」「自己制御力」の3つです。皆さん自身を振り返ったときに、3つの要素のバランスはとれていますか。極端に飛びぬけていたり、極端に低い要素がありますか？　あったら、それを書き留めておいてください。そのバランスは、今のままで良いのか、改善するべき点があるかを考えて、記述してください。自分の特質について、よくわからない場合は、他の人に聞いても構いません。また今は記述しないで気づいたときに書いても構いません。

4-4 自分が属するチームのメンバーについて考えてみましょう。どんな特質を持っていますか。気づいたときに書いておくと、人間力を発揮するときに役立つでしょう。また、併せてDiSCのタイプも記入しておきましょう。

人間力アップ計画を立ててください。まず、自分の長所、欠点を書きます。次に改善したいことを書きます。特に、コミュニケーションに関する点に注意して書いてください。

次は、雑記帳のように気づいたことを書いてください。ちょっと良い話、気づいたこと、感激したこと、悔しかったこと、怒ったこと、我慢したことなどをノートに書いてください。「人間力」アップに大切なのは、自分の気持ちや感情をノートにとる習慣をつけることです。きれいに清書する必要はありません。自分が読める字ならよいのです。入力するのではなく、自分の手で、自分の言葉で書くことが大切です。

今は白紙が続きますが、いつか自分の心の歴史をつづった大切なノートになり、人間力アップに役立つことと思います。

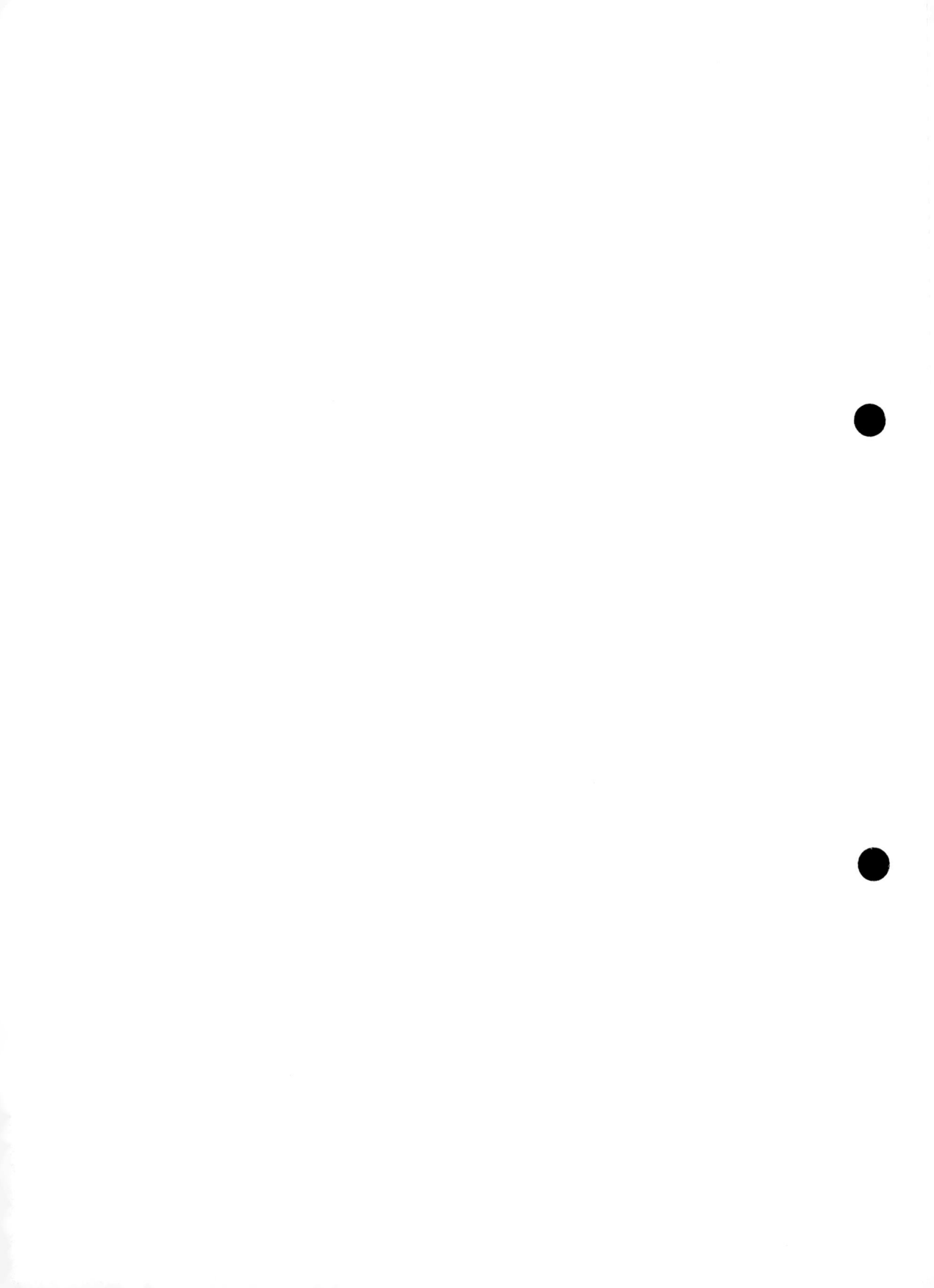

著者紹介

1969年	白百合女子大学 英文科卒業
1970年	日本アイ・ビー・エム株式会社
1980年	同社　研修センター・インストラクター
	中型コンピュータのOS関連講座担当
	人材開発関連講座担当
2002年	玉川大学学術研究所
	講師、准教授を経て、現在フリー・インストラクター

主要著書
『情報化社会のビジネスマナー』（2006年、近代科学社）
『Microsoft Office 2016を使った情報リテラシーの基礎』（共著、2016年、近代科学社）

長山　恵子（ながやま　けいこ）

1986年	慶應義塾大学 文学部図書館情報学科卒業
同年	日本アイ・ビー・エム株式会社
	営業職
1991年	同社　研修部門・インストラクター
	営業研修講座担当
	人材開発関連講座担当
2011年	金沢工業大学基礎教育部准教授、現在に至る

主要著書
『Microsoft Office 2016を使った情報リテラシーの基礎』（共著、2016年、近代科学社）

アクティブ・ラーニングで身につける
コミュニケーション力
―聞く力・話す力・人間力―

©2016 Setsuko Kirita, Keiko Nagayama
Printed in Japan

2016年4月30日　初版第1刷発行
2017年7月31日　初版第2刷発行

著　者　切田節子・長山恵子
発行者　小山　透
発行所　株式会社 近代科学社
〒162-0843 東京都新宿区市谷田町2-7-15
電話 03-3260-6161　振替 00160-5-7625
http://www.kindaikagaku.co.jp

加藤文明社　　ISBN978-4-7649-0500-9
定価はカバーに表示してあります。